JN067694

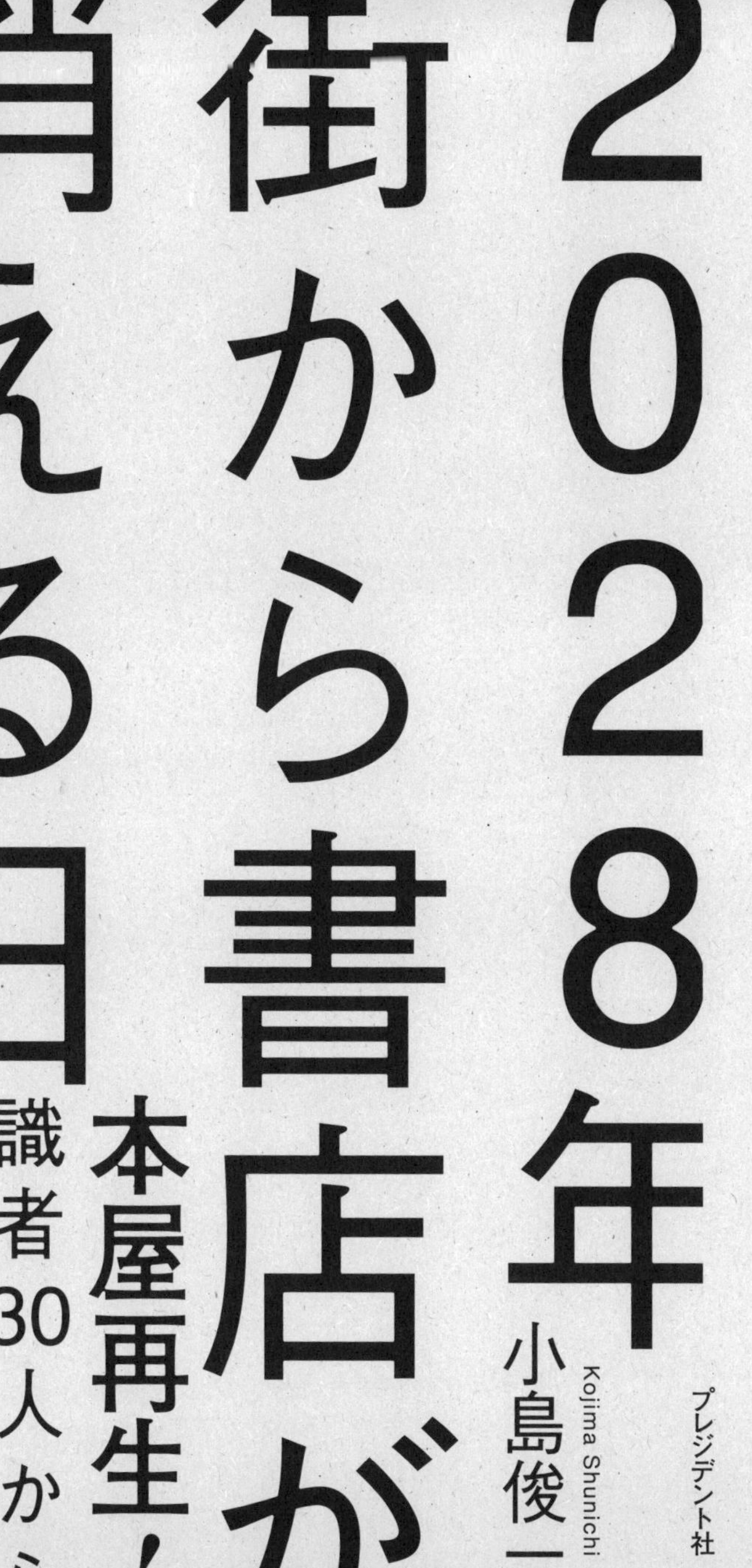
2028年
街から書店が
消える日
本屋再生！
識者30人からのメッセージ
小島俊一
Kojima Shunichi
プレジデント社

愚かさとは同じことを繰り返しながら
違う結果を求めることである。

――アルバート・アインシュタイン

まえがき

# 本屋を憂(うれ)うあなたへ

この本を手に取ってくださって、ありがとうございます。あなたは、きっと本が大好きな方か出版界の関係者なのでしょうね。そんなあなたは、日本から街の本屋が消える日が想像できますか？

なぜ今、街から本屋が消えていっているのだと思われますか？

この問いに対して著者の私が「本屋を殺す犯人を突き止める」訳ではありません。「出版社に原因がある」「本屋に責任がある」「取次が悪い」「読者の活字離れ」、それぞれ少しずつ当たっていても一面的です。本屋が消えつつある理由は、そんなに単純なものではないのでしょう。

この答えを出すために日本初の試みとして出版界のプロフェッショナル達が実名（一部匿名）で、それぞれの立場で本屋について熱く本音を語ってくれました。読者のあなたと一緒に出版界の現状を俯瞰(ふかん)しながら、問いの答えに近づいてゆこうと思っています。この本を読み終える頃には、本屋が消え続ける理由も分かり、一方では本屋の明るい未来への希望も感じ取ることができるでしょう。

ようこそ、出版流通という名のラビリンス(迷宮)へ！

# 2028年　街から書店が消える日──目次

## 第1部 本屋をめぐる厳しい現状

## 第2部 注目の個性派書店から見える希望

第3部
# 出版界の三大課題は正味・物流・教育

# 第4部 提言——生き残る本屋の道

**お断り**

本書の中で本屋と書店と言う言葉が混在しています。意味は同じなのですが、本屋は街の小さな本屋さんで書店は都市圏の大型書店のイメージはありますが、厳密な使い分けをしておらず著者の気分で書き分けていることをご了解ください。

# 第1部

# 本屋をめぐる厳しい現状

# 第1話
## なぜ、街から書店が次々と消えていくのか

この第1話は書店の経営が立ち行かなくなっている現状を数字の面からお話ししています。第1話を読んでくだされば書店の現状を数字の面から納得できますが、もし数字が苦手なら第1話を読み飛ばして、書店現場の話で始まる第2話から読み始めても厳しい書店の現状は理解できます。あなたは、どちらからアプローチされますか？

就活中の甥っ子の聡が久しぶりに訪ねてきた。コンサルタントをしている私に何やら聞きたいことがあるようだ。

「叔父さん、こんにちは。ご無沙汰しています。姉さんの結婚式以来ですね。お変わりありませんでしたか？　早速なのだけど、就活中の僕にアドヴァイスくれませんか？」

「分かることなら何でもお話ししよう。聡くんは、どんな業界への就職を考えているのかい？」

「本が好きだから、本屋への就職を考えています。だけど出版不況というし、誰に聞いても書店

業界へのネガティブな反応しか返ってきません。だから、長年取次のトーハンで働き、最後は書店の社長もしていた叔父さんなら、本当のところが分かると思ってお話を聞きにきました」

「そうなのか。それではできるだけ事実に基づいてお話しすることにしよう。ちょうど良いタイミングでいろんな人に出版界の現状と未来について聞いたところだから、参考にすると良いね」

「そりゃあ、嬉しいなあ。ありがとうございます。最初の質問は、書店に未来はあるの?」

「いきなり、本質的なことを聞いてくるな」

「そりゃあ、一生を左右する大事な就職先のことなんだから真剣に聞いています」

「なるほどな。それじゃあ、ズバリ答えるね。書店が現状のままで出版界も変わらなければ書店に未来はないいね」

「えーー　そうなの?」

「紙の出版物の売り上げは1996年の2兆6564億円をピークに下がり続け、2022年はその半分の1兆1292億円になっていて、書店の数もピーク時の2万5000店から2022年には半分以下の1万1000店（売り場を構える図書カードリーダー設置店は7530店）までにも減ってしまったよ」※表1・表2参照

「それは、聞きしに勝る酷い状況だね」

「学校教科書の電子端末化も本格化するし、間違いなくこのままなら**2028年までには大半の書店は日本から消えて無くなる**だろうね。2022年9月時点で全国の1741地方自治体の中

表1　出版物の推定販売金額

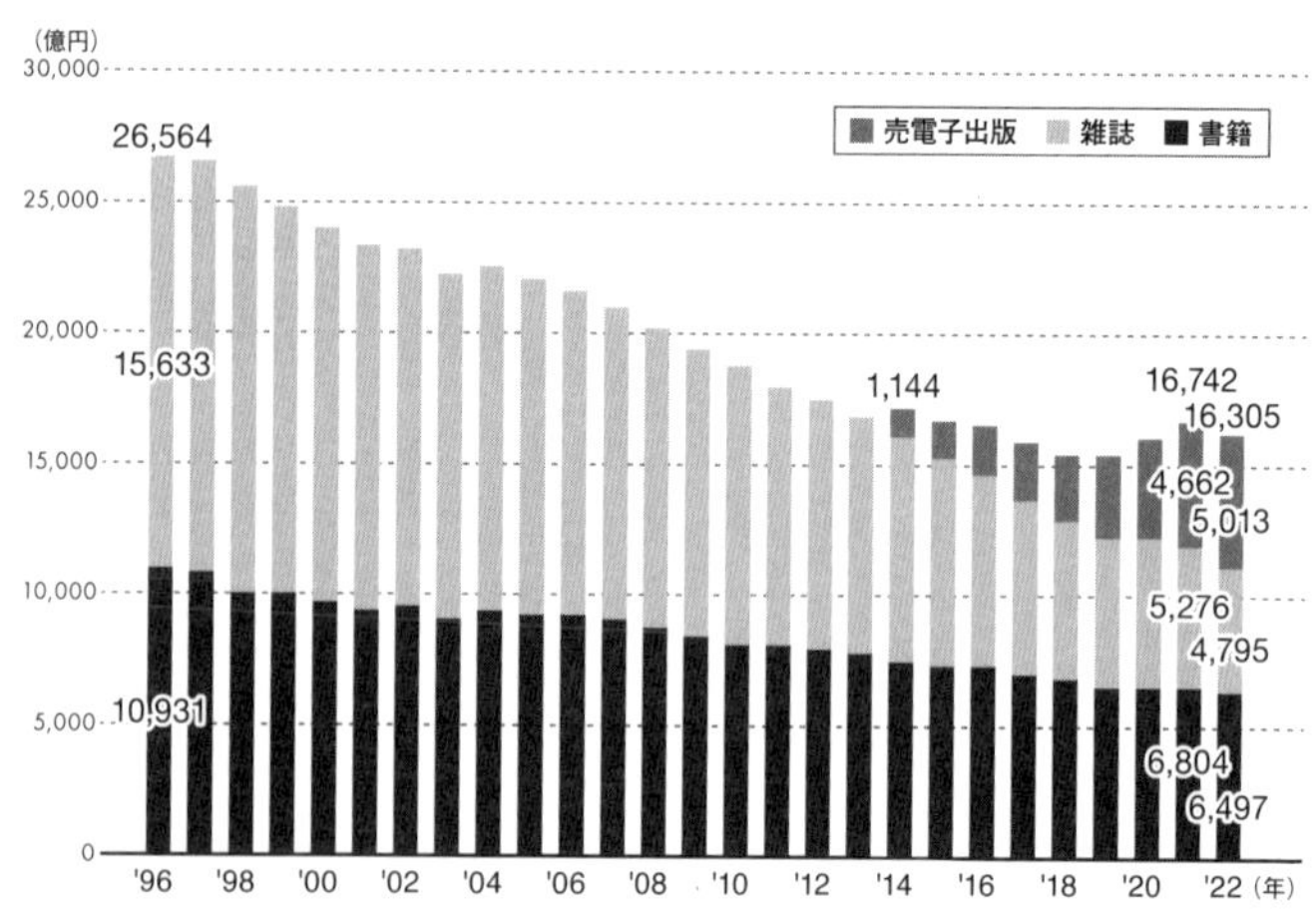


出典：取次ルート／出版指数年報2023年版

で26%にあたる456市町村は書店のない自治体なんだ」

「そうか、やっぱり書店業界への就職は、やめておこう」

「まあ、そう結論を急ぐなよ。このままなら、と言っているだろう」

「それって、どういう意味ですか?」

「カメラ業界を考えてごらん。昔は各地にカメラ屋さんがあったけれど、今ではほぼ無くなっているよね。だけど一方ではヨドバシカメラやビックカメラは隆盛だよね。ジャパネットたかただって、元は長崎県平戸のたかたカメラ店から始まっているんだよ」

「そうなんだ」

「彼らは、時代の変化に対応して売るものを変えていったり、売り方を変えていって生き残っていったのだね。こうした例は。枚挙(まいきょ)に暇(いとま)がない。

表2　売場を持つ書店数の推移

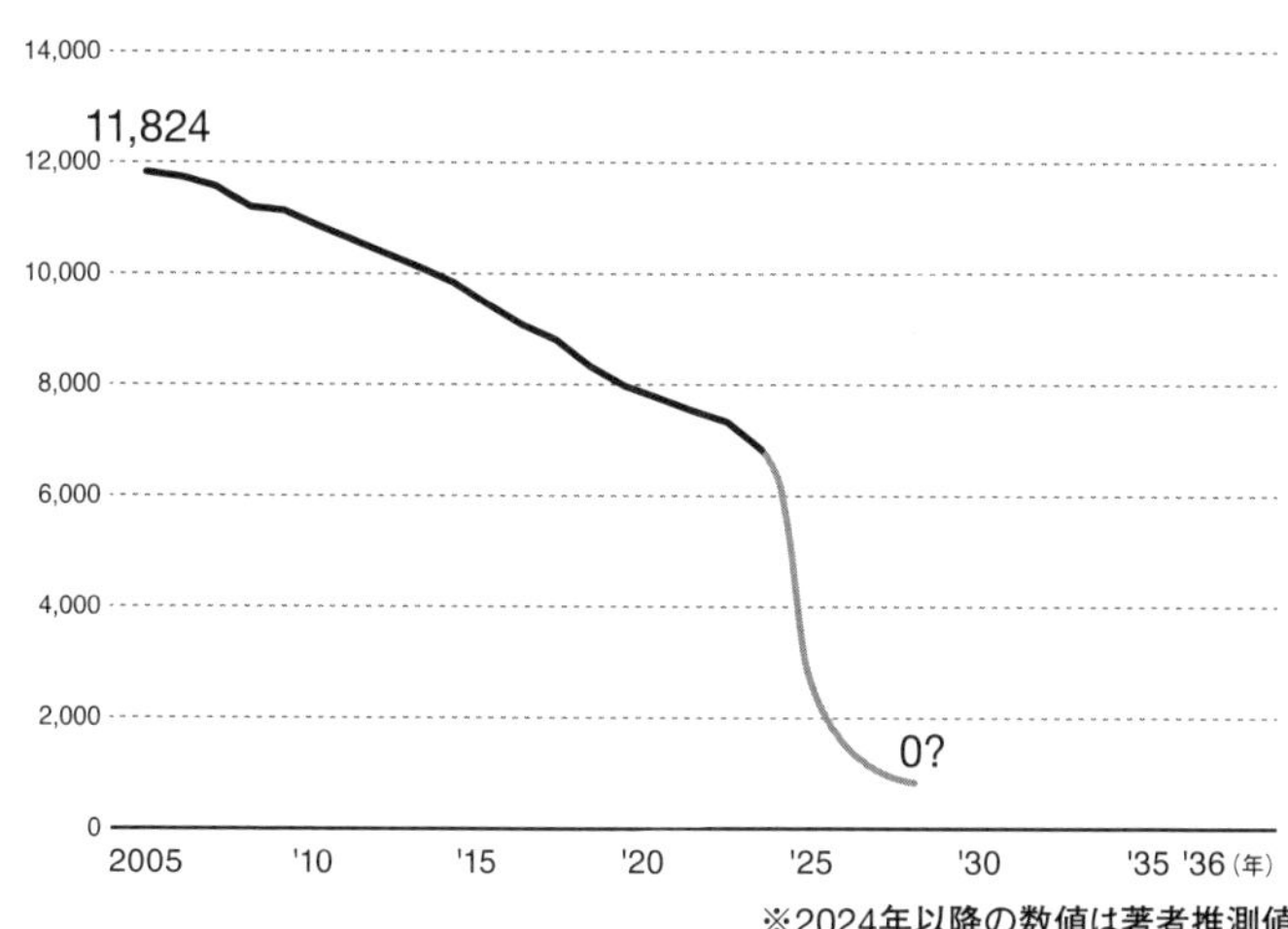


※2024年以降の数値は著者推測値

出所：「出版指標年報2023」出版科学研究所



酒屋さんはコンビニエンスストアになり、薬屋さんはドラッグストアに業態転換して生き残っているよ」

「日本の基幹産業である自動車産業だって、これまでのガソリン車からEV（電気自動車）への転換の真っ最中で、この変化に対応できなければ消えていく運命にあるだろうな」

「なるほど」

「報道ではアップルも車の開発に挑戦しているようだし、もしかしたらパナソニックやソニーだって車の生産を始めるかもしれないいな」

「そんな車に乗ってみたいな。アップルカーなんて、どんな車になるんだろう？　ところで、カメラや車の話が書店業界とどんな関係があるの？」

「昔、出版界は時代の最先端にいたね。それは、時代を映すコンテンツとしての書籍や雑誌を作った出版社。独特の流通を作り上げて安定した格安の物流網を全国津々浦々まで完成させた取次。地域の読者のために自らの想いを込めて本を売っていた地方の書店は、その地方の名士とも呼ばれていた。業界の皆に元気があって、出版文化を支える誇りを持って仕事をしていたね」

「それが、どうしてこんな事態になってしまったの？」

「それは、価格競争のない再販売価格維持制度（再販制度）と商品を自由に返品できる委託制度に甘えた業界が、時代の変化に対応した変革をしてこなかったからだよ」

「それって、どういうこと？」

「再販売価格維持制度が書店の経営を壊滅させ、返品自由の委託制度は取次の経営を疲弊させ、出版社自身の首を絞めることになっているのさ」

「ますます、分からないよ。再販制度があるから本屋は価格競争に陥らなくて済むし、仕入先の取次に仕入れた際と同じ条件（価格）で自由に返品できる委託制度があるから書店は安心して仕入れることができるのでしょう」[※1]

「さすが、書店に就職希望する大学生だね、勉強していますね。この**再販制度と委託制度は書籍や雑誌の売り上げが伸びる時代には適していたものだけれど、今のように本が売れなくなってくると弊害のほうが大きくなっている**んだ」

「そうなの？」

「聡くんは決算書って苦手ですか」

「うん、苦手だな。ぜんぜん分からない」

「現代に生きるビジネスパーソンに必須の知識は決算書とコーチングとプログラミングだね。そう言う叔父さんもプログラミングは全く分からないけどね」

「なぁんだ」

「そんなもんだ。それでも決算書は企業のことを理解するのに重要だね。本屋のお金のことをできるだけ分かりやすく話すから安心してね。もし、もっと知りたくなったら以前、叔父さんの実際の体験を基にして書いた地方書店再生小説『会社を潰すな！』（ＰＨＰ文庫）[※2]の該当箇所を紹介するから、自分で勉強してください」

「じゃあ、分かりやすく話をしてください」

「１０００円の本を売った時に、その本を７７０円で仕入れていれば、差し引きの２３０円が儲けだよね。この儲けた金額を粗利とか営業総利益と言います。叔父さんは言葉を粗利で統一するね。この時の粗利益率って何％だと思う？」

「２３０円÷１０００円の23％」

※１　書店は出版社が決めた価格を自由に変えることができません。これを再販売価格維持制度（略称：再販制度）と言います。書店は取次（本の問屋）から仕入れたものが売れ残っても仕入れた価格で取次に自由に返品できます。これを委託制度と言います。
※２　「会社を潰すな！」３２２ページ参照

「正解！　次に、この粗利の中から経費を払います。経費は人件費や家賃や水道光熱費などがあります。粗利から経費（販売管理費）を引いたものを営業利益と言います。ここまで大丈夫ですか？」

「うん、単なる引き算だから分かる」

「先ほどの粗利230円から経費が200円かかったとすると230円－200円＝30円が営業利益」

「なんだか、とても単純だよね。詳しくは叔父さんの本を見て勉強するよ」

「ありがとう。企業を経営する際には経費をコントロールして黒字化することが大切だよね。だから、叔父さんが四国の愛媛県松山市で書店を経営していた時も売上高に対する経費率を管理していたよ」

「ふーん。売上高に対して何％くらいが適正なの？」

「書店に限って言うと、売上高に対して人件費は10％、家賃が6％、水道光熱費は1・4％が目安になる」

「意外と細かく管理していたんだね。大雑把な叔父さんがした仕事とは思えないよ」

「失礼な奴だな（笑）。書店の利益は薄いから丁寧に経費管理しないと利益は出ないのだけれど、最近のインフレで経費が高騰して目指すべき経費率が、その上限を突破している」

「それで、今の書店の利益の状況はどうなの？」

## 表3　主要書店実績※1

単位：億円

| | 決算発表期 | 売上高 | 前年比 | 営業利益額 | 営業利益率 | 経常利益額 |
|---|---|---|---|---|---|---|
| 紀伊國屋書店（単体） | 2023年8月 | 1,002 | 103.5% | 7.0 | 0.70% | 23.0 |
| 紀伊國屋書店　店売総本部 | 同 | 433 | 100.4% | ? | ? | ? |
| 丸善ジュンク堂店舗ネット事業部 | 2024年1月 | 662 | 99.9% | 3.5 | 0.53% | ? |
| 有隣堂※2、3 | 2023年8月 | 520 | 99.6% | 2.4 | 0.46% | 2.9 |
| 未来屋書店 | 2023年2月 | 452 | 93.1% | -6.0 | -1.33% | -6.2 |
| トップカルチャー | 2023年10月 | 189 | 91.7% | -8.0 | -4.24% | -8.9 |
| 精文館書店 | 2023年6月 | 182 | 94.2% | -0.4 | -0.24% | -0.6 |
| 三洋堂ホールディングス | 2023年3月 | 178 | 94.4% | -2.6 | -1.46% | -2.2 |
| 文教堂グループホールディングス | 2023年8月 | 154 | 93.8% | 0.7 | 0.5% | 1.0 |
| リライアブル | 2023年3月 | 142 | 100.6% | 4.2 | 2.9% | 4.1 |

※1:利益はわかる範囲で表記
※2:当期純損失1,256万円
※3:書籍・雑誌部門のみの営業実績数値は非公開

出所：公開情報より著者作成

「そこの資料を見てごらん。主要な書店チェーンの経営状況だよ」※表3参照

「どこの書店チェーンも売上高に対しての営業利益率が、ほんの少しかマイナスじゃないか」

「そうだね。紀伊國屋書店は2023年8月末決算で過去最高の売り上げと利益を出しているが、本だけでの国内の店舗販売部門は十分な利益は確保できていないと推定されている（紀伊國屋書店は国内店売部門だけの収支を明らかにしていないので、著者の推定です）。丸善ジュンク堂書店は2024年1月末決算で会社全体では微増収増益で利益を出しているが、店舗・ネット販売事業では売上高に対する営業利益率は、わずか0・53%しかない。紀伊國屋書店も丸善ジュンク堂もそれを図書館販売や外商でのセールスで補っているんだよ。紀伊國屋書店は海外での収益も大きいと思う。有隣堂は、2023年8月末決算で減収損失だった。本の売

り上げは全体の４割程度になっていて、６割は文具や雑貨のほかに什器内装などの分野でカバーしようとしているんだ」

「そりゃあ、大変だ」

「叔父さんは、心配になるんだよ。２０２３年に店舗を賃借して本の販売をメインとした書店の中に黒字経営だったところがあるのだろうか？」

「そうなんだね。それじゃあ、叔父さんは**本屋の経営が厳しくなっている原因は何だと思う**の？」

「それは、本屋自身の経営努力が足りないから。それ以外に理由はない。どんな業種であれ**経営はすべて自己責任。本屋が潰れるのは本屋の経営に問題があるから。**カメラ屋の例で見たように、その商材に魅力が薄くなれば、新たな商材を見つけ出す。それが経営」

「なんだか、厳しい話だね」

「聡くんは、マーケティングって聞いたことある？」

「あるけど、よく分からない」

「それじゃあ、これも『会社を潰すな！』の59ページに書いてあるから後でゆっくり読んでみてね。簡単に説明するとマーケティングとは消費者視点で自動的に売れる仕組み作りのこと」

「ますます分からないよ」

「つまり、『売り方・売り物・売り先』をお客様のために変えていくこと」

「それは、本だけを以前からの方法で来店客にだけ売っている書店にはマーケティングが不在ってこと？」

「その通り！」

「じゃあ、書店はどうすれば良いの？」

「本以外の商材を探して売り始めること。それも取次から紹介されたものばかりではなくて、自分で商材を見つけて売ること。返品できる商材にこだわらないで仕入れること。そこから始まるだろうな」

「本屋さんも文具を扱ったり、CD／DVDを売っていたり、レンタルDVDを扱ったりしているよ」

「それらは、取次や大手レンタルチェーンからの紹介で始めた商材ばかりで、自分の目利きで本屋が自分で仕入れたものではないんだ」

「聡くん、書店が地域で持っている最大の財産は何だと思う？」

「何だろう？」

「叔父さんは、地域のお客様からの信頼だと思う」

「信頼ね」

「そう、だから書店はお客様の信頼が残っている間にマーケティングの基本に返り、新たな『売る物』を探し出し、従来にない『売り方』を開発し、新しいお客様を『売り先』として変わってゆけば、必ず生き残れると思う」

「でも、叔父さんのその話は分かるけど味気なさ過ぎる。本屋が本を売っているから、僕は書店業界に魅力を感じて就職しようと思っているのに、本を扱わない書店って働こうとも思わない」

「そうだよな。聡くんの気持ちはすべての書店が思っていることだよ。書店が潰れるのは、書店の経営努力が足りないからに、ほかならないのだけれど、現状では**本という商材だけで商売を成り立たせるには構造的に無理があるようになってしまっているん**だ」

「それは、どういうこと？」

「仮に聡くんが小売店の社長で利益が出なくなったらどうする？」

「そりゃあ、コストを下げる。その次には仕入れ値を下げる努力をする。その次には売る物の価格を上げる」

「そうだよね。書店はもう極限までコストを下げる努力をしている。でも書店には仕入れ値を下げることも本の販売価格を上げることもできないんだ」

「確かに、本の価格は店舗でもネットでも全国どこでも同じだよね。これが叔父さんがさっき話した再販売価格維持制度ってものなのだね」

「そうだよ。こうした再販制度があるから、書店は販売価格を自由に決めることができない」

「それじゃあ、仕入先と仕入れ値を交渉するのは？」

「書店の仕入先はトーハンとか日販なのだけれど、一度決まった仕入条件（価格に対する仕入れ率）は簡単には変えられない。もう、トーハンも日販も取次本業では大きな赤字（2022年度トーハン約10億円・日販約30億円）になっているから赤字部門の書店に対して仕入条件を下げることはない。交渉するのは事実上無理」

「だけれど、書店も以前は今と同じ仕入条件でも本を売って利益を出していたよ。僕がアルバイトをしているコンビニエンスストア（以下コンビニ）の粗利益率は30％くらいだと店長に聞いたことがあるよ。書店の粗利益率23％より良いけれど、書店が潰れているのに、コンビニは繁盛していて新規開店も多い理由は粗利益率の差だけ？」

「その鍵を解くのが『商品回転率』と言われるもの」

「商品回転率って分かったような、分からないような」

「売上高が３０００万円のお店で在庫金額が１０００万円ならば３０００万円÷１０００万円＝３回転」

「売上高を在庫金額で割って出すのか」

「コンビニの商品回転率ってどれくらいだと思う？」

「うーむ。考えたこともないから分からないなあ」

「コンビニの在庫金額は８００万円（たばこ在庫含む）くらいかな。月の売上高が平均で１９００万円はあるから月に約２・４回転していて、**年間では28・８回転**しているんだ。じゃあ、書店の商品回転率ってどれくらいだと思う？」

「コンビニの半分の14回転くらい？」

「大ハズレ！　正解は、高めにみても**年間で3回転**しかしない。以前はもっと高かったけれど、いまでは2回転に近づきつつある」

「そ、そんなに低いのか」

「小売店が商品を売って、どれくらい儲かっているのかを表す指標に『交差比率』ってものがあるんだ」

「初めて聞いた。どうせ詳しくは『会社を潰すな！』って話だと思うけれど、簡単に説明してくれない」

「交差比率は、その店の儲かり具合を表す指標なんだ。例えば、A店の粗利益率が30％。B店の粗利益率が23％だとしよう。商品回転率はA店が6回転で、B店が3回転の場合の計算式は、A店30％×6回転＝180％。B店は23％×3回転＝69％。どちらが儲かっていると思う？」

「A店だ」

「そう。簡単だね。式は粗利率×商品回転率＝交差比率」

「なんだ、簡単」

「書店は粗利益率23％×商品回転率3回転＝69％。コンビニの粗利益率は30％（本部ロイヤリティーを含む）くらいで、商品回転率は28・8回転だから、30×28・8＝864％。文字通り書店とは桁違いの差がある。小売店の交差比率は最低でも100％にはしたいのに、書店の69は小売業の中で最も低い」

「じゃあ、書店が商品回転率を上げる見通しはあるの？」

「書店で一番商品回転率が高いのは雑誌で次にコミックなのは想像できるよね。街の書店だと、売り上げの半分は雑誌とコミックで成り立っている」

「ふむ、ふむ」

「残念ながら、雑誌はメディアとして明るい将来は描けないし、廃刊も相次いでいる。コミックにも一時ほどの勢いはない。書店には毎日のように本が取次から送られてきて、その支払いは平均して45日後になるのだけどね、月刊誌は1か月以内に売るか取次に返品するかでキャッシュを生み出す。週刊誌も同様。書店はこれでキャッシュを確保していたのだけれど、頼みの綱の雑誌が売れなくなって商品回転率も下がる一方で利益も下がりキャッシュを生み出すこともできなくなってきているから本だけ扱う書店は潰れていくほかないんだ」

「**書店が本だけを売って利益を出す方法を見つけることは八方塞がりの状態**だね」

「だから、叔父さんはこの現状を心から憂いている。街の書店が消えていくのは地域社会にも、ひいては愛する日本にとっても避けなきゃならないことだと思っている」

「叔父さん、**書店が本を扱い続けるためにはどうすれば良い**の？」

「まず現状を考えてみよう。非常に精緻にできている出版物の配送網は雑誌を前提に作られている。本屋の経営も雑誌が安定的に売れることが基盤にある」

「でも、その前提が崩れ始めている出版界なんだね」

「だから、取次も雑誌が無い出版流通を再構築する必要に迫られているし、書店にも本だけで利益が出る仕組み作りが求められる。だからこそ、価格決定権のある出版社がそのために利益の再配分を考える新たな出版界の枠組み作りが求められている」

「叔父さん、話が相当に大きなことになってきたね。僕は書店に就職したほうが良いのかな?」

「**変革期こそ、チャンス**を見出すこともできるさ。ここから先は叔父さんの知識や経験だけでは語り切れないから出版界の賢人達に取材して話を聞いてあるので、聡くんにもその話を教えてあげよう」

「よろしくお願いいたします。楽しみです。その話を聞いてから自分の就職先を考えるようにするよ」

「聡くんに、最初に聞いておきたいことがあります。それは、本を扱うことを仕事にする目的。理由ではなくて、目的」

「目的? 理由は本が好きだからと言えるけれど、目的って考えたことがないよ」

「そう、目的を明確にしておかなければ、これからの話が居酒屋談議になってしまうんだ。ある出版社のオーナーが書店の集まりで話したことを伝えるよ」

「どんなことを話したのかな?」

「その場で彼は『明日のご飯を食べるお金にも困っている家の子どもたちには、図書館で本を読ませたい』と言ったそうだ」

「書店の集まりで、図書館を推奨したその真意は何だろう?」

「そのオーナー社長は、本が持つ限りない可能性を心から信じていて、家庭環境が厳しい子どもたちが未来を切り拓くのも本だと確信しているんだろうな。だから、目の前の損得よりもその先が見えるから、そんな発言をしたのだと思う。聡くんは何のために本を扱う仕事に就きたいのかな?」

「叔父さん、その問いかけって僕はもちろんだけど、本を扱うすべての人に問われている気がするよ」

## 自治体に本屋が無いか、無くなりそうな地方自治体関係者の皆さんへ

本屋を取り巻く状況は、ここまで記述したとおりです。もし、皆さんの自治体に本屋の誘致をお考えならば、以下のことを考慮してくだされば、本屋が残る可能性が高まります。

①自治体内の学校図書館、公共図書館への本の納入は、地元自治体に店舗がある本屋と「本の定価購入で随意契約」する。装備や書誌データは競争入札。

②小学校、中学校の教科書及び副読本の納品も同様に地元自治体に店舗がある本屋と「本の定価購入で随意契約」する。

③自治体自身は、もちろん公立病院など地方税が使われている施設が購入する本は、すべて該当書店から「定価で購入」する。

④以上を地方自治条例で定め、どこの本屋を選ぶのかは入札価格以外の観点（売り場面積、在庫金額、取扱商品やサービス、営業時間や定休日など）での競争入札で決定する。その契約期間は5年以上10年以内とする。

いかがでしょうか？　税金を投入して本屋を守るよりも合理的かと思います。検討する価値はありませんか？

**本書の欠如**

この本は書店の方々出版社の方々や作家並びに出版界に関わる人たちに取材して私が初稿を書いた後に取材者のチェックを受けて修正し編集者のアドヴァイスを貰って原稿にしています。トーハンと日販の両トップにも何度か取材を試みましたが断られました。本書の中の取次に関する部分は取次（トーハン）在籍が長い著者自身の経験や公開データや関係者からの話を基にしてできる限り実証的に書いていますが、当事者取材が出来ていない限界はあります。その分だけ、取次への疑問や提言に関しては全く忖度せずに書けましたので、読者諸氏のお許しを請いたいと思います。

# 第2話
# 書店が消えれば出版社も無くなる

「聡(さとし)くん、ここからは出版界の方々の話を聞いていくようにするよ」

「楽しみだなあ」

「最初は、名古屋が本社で72店のチェーンを率いる三洋堂の加藤和裕さん。あちこちで書店の現状の問題点を提示し行動している。上場企業の社長でもあるのだから少しは静かにしていれば良いのに、書店業界の危機感を行動に移して大いに吼(ほ)えている人なんだ。私が取材を申し込んだ時もその趣旨を理解してくれて沢山の資料も頂き、ここには書ききれない話も聞かせてもらったんだよ。加藤さんは、音楽を愛しギターも弾き、お酒も愛するナイスガイだけど、話の舌鋒は鋭かったよ」

「出版界のことが分からない僕でも理解できるかな？」

「そうだね。ここで基礎知識のおさらいをしよう。本は、出版社が作り、問屋である取次に卸し、取次はその本を取引先の書店に卸し、書店は読者に販売します」

「ふむふむ」

「書店には本が取次から送りつけられるほかに、書店も自由に仕入れることができます。売れなかった本は仕入れ値で仕入先に自由に返品できます。専門書や医書などに一部例外はあります」

「委託制度のことだね」

「本は、販売価格を出版社が決めていて、書店はそれを勝手に変えることはできません」

「それが再販制度のことだね」

「正味についても説明するね。仮に1000円の本で話をします。出版社から問屋である取次には700円で卸すとすると70％の正味になります。これを取次が770円で書店に卸すと77％の正味になります。正味は販売価格の掛率と理解すれば大丈夫です」

「はい、それぞれ理解しました」

「それでは、三洋堂書店加藤社長の話を聞きましょうか」

## 出版界は書店が激減した先に起こることに気付いていない

三洋堂ホールディングス代表取締役社長　加藤和裕（かとうかずひろ）

――加藤さんは、危機意識から実際に2022年の年末から春にかけて出版社に対して「今の書店の粗利では、もう商売ができなくなった」ことを大型書店チェーンの経営状況が分かる資料などと共に支援をお願いして廻ったそうですが、なかなか良い返事はいただけなかったと聞きました。大型書店チェーンの社長である加藤さんにも八方塞がりにも見えますが、加藤社長のお考えを聞かせて頂けますか？

**加藤**　書店という商売は、経営構造としてもう成立していません。粗利のなかで経費が賄えなくなっています。しかも、粗利が増える見込みはなく、経費は人件費・家賃・水道光熱費の三大経費を中心に上がる一方です。これに加えて電子決済の手数料負担増で営業赤字から抜け出せません。この現状を打開するために、**書店の仕入れ正味を下げるべきだと思うのです。**それに加えて、出版社が書店に作業奉仕を強いる現状が書店をさらに疲弊させています。

――作業奉仕を強いる現状とは？

**加藤**　付録付き雑誌は、本誌と付録が別梱包で書店に送られてきて、それを書店員が無償で付録組みして販売しています。出版界で昔から行われている悪しき商慣習が書店の疲弊を加速させています。時給1000円時代に現状の無償なんて論外です。この作業の工賃として、出版社は書店に最低でも1付録に付き10円以上は支払うべきです。

――なるほど。現在の書店さんの窮状がとてもよく分かりました。正当な利益を確保できないと書店数はさらに減ってゆかざるを得ないですからね。

**加藤**　大手出版社は、書店が無くなってもコンテンツホルダーとして電子コミックや版権ビジネスで生きてゆけますが、中小出版社は書店が消滅すれば、その運命を共にすることになります。日本中の書店が消滅すると、大半の出版社も経営が成り立たなくなることを出版界全体で正しく認識し、共有するべき時に来ていると思って行動しています。

――なるほど、書店が置かれた危機感の共有が欠如しているとの指摘ですね。

**加藤**　書店存続に必要な新たな正味体系は、書店への卸正味70％。つまり１０００円の商品であれば書店への卸値は７００円という計算です。

――書店の仕入れ正味を下げるために、書店自身はどう変わる必要がありますか？

**加藤**　書籍の完全受注制での新刊作製数決定です。欧米ではかなりの国で導入されているようですが、新刊案内を出版社が取次を通じて早めに告知し、書店が仕入れ数を自分で決めるようになることが必要です。書店にも自主仕入れの意識と覚悟ができれば返品も減り、出版社も売れない本は作れなくなります。

——そこから始めるのですね。書店業界が復興するには、何が必要だと思いますか？

**加藤**　今、日本の書店は閉店ばかりで、新規開業は皆無の状況です。新規参入のない業界は、必ず衰退し消滅していきます。新陳代謝がないからです。起業家が魅力を感じ、どんどん参入してくる業界にしなければなりません。韓国では、書店数が増えています。書店の粗利益率を30％以上にすれば、多くの起業家を呼び込むことができるのです。

## 小島の解説

「我が意を得たり」が加藤さんとの取材でした。どんな業種でも粗利で販管費を賄えなければ撤退するしかありません。外部コンサルタントが書店のコンサルをするならば最初に本の取り扱いを中止するか、大幅に縮小させることを提案するでしょう。もし、出版社が書店を残そうとするならば正味を下げるほかありません。書店も現状の23％から24％程度の粗利では生き残れないのだから30％マージンを確保して事業体としての本屋を存続させる。加藤さんのこれらの主張に私は完全に同意しています。私がこの本を書く動機になったのも加藤さんと同様に「本屋はもう経営構造として成立していない」という認識を持つからです。

ちなみに、「書籍の完全受注制での新刊作製数決定」の実例は、私の前著『会社を潰すな！』（ＰＨＰ文庫）で実施されました。ネットでの告知と個別の営業で受注したところ予想外にも１万部近い注文（無名作家の文庫本の初版は通常３０００部）が集まったので、１万１０００部作製して、注文通りに配本し、実売も１万部近くになっています。これが完全受注による作製数決定の一例です。本屋は自分で自主的に仕入れた本を売る力を持っているのです。

「聡くん。加藤さんの話をどう聞いた？」

「本屋にはポテンシャルがあるけれど、様々な要因でその実力が発揮できていないみたいだね。ところで、全国の書店のとりまとめ役である日書連（日本書店商業組合連合会）さんは、なぜ中心になって動かないのかな？　自分たちの重大な問題なのにね」

「それは、独占禁止法で団体での条件交渉が禁じられているからだろう」

「仕方がないのかな？」

「いや、前例はある。叔父さんもこの業界に入る前のことだけど１９７０年代には『ブック戦争』

とか『本屋正味戦争』とか言われる条件交渉を日書連は行って正味下げを勝ち取っているんだ。日書連の輝かしい歴史の一つだよ。団体交渉を規制する独禁法があっても、書店団体である日書連が書店正味拡大の『運動』の先頭に立つくらいは良い気はするな。ということで次は日書連のトップの言葉に耳を傾けてみよう」

# 第3話 出版業界の「構造問題」変革の時

全国の書店の集まりである日本書店商業組合連合会（日書連）の矢幡秀治会長は、自らも調布駅前で「真光書店」という本屋を営んでおられます。取材は、理事の石井和之さんにも同席してもらい話が聞けました。矢幡さんの話は図らずもこの本で登場してもらっている数々の書店人の話と出版社双方からの話を俯瞰しているようにも思えました。

日書連に加盟する書店数は2600軒余り、2023年時点で店舗を構える書店数は7000軒ほどなので、加盟率は約4割になる最大の書店団体です。ピークだった1988年の本屋の数は2万5000軒で加盟数は1万3000軒もあったと言いますから、その激減は日本の本屋の現状を示しています。そんな時期の2019年6月に日書連の会長になった矢幡さんの苦悩は深いようでした。

矢幡さんの出版界における人脈は広く、この本でも登場してもらっている書籍出版社の集まりである書協（日本書籍出版協会）や雑誌出版社の集まりである雑協（日本雑誌協会）のほかにも多くの大手出版社や取次トップとも交流があり、非公式ながらも随時意見交換し、本屋の危機感を伝えているそうです。ここでは、その話の一端を聞きます。

## 書店の経営はもう限界になっています

日本書店商業組合連合会（日書連）会長　矢幡秀治（やはたひではる）

――本屋の現状についてお聞かせくださいますか。

**矢幡**　自社物件でない、**家賃を払っている本屋はやめるしかなくなっている**のが本屋の現状です。学校教科書や図書館納品で利益を得て店舗の赤字を穴埋めしていますが、それももう限界になっています。私たち街の本屋は地元で本を扱う使命感で本屋をやっている感じです。再販制度があるので、本屋は赤字になっても値上げすることはできません。仕入先の「取次」[※1]も赤字なので仕入条件の改善は見込めません。人件費や家賃、光熱費、通信費の高騰で本屋は粗利益の範囲で経費を賄うことはできなくなっているのです。そこで長年に亘（わた）って本屋の粗利率を30％（今の本屋の粗利率は22％程度）に改善してほしいと願っているのですが、百年河清（ひゃくねんかせい）を俟（ま）つが如きの状態が続いています。

書店組合が出版社や取次との条件について団体交渉することは、独占禁止法の規制があって行えない一方で、個別の本屋は小さくて交渉力に乏しいのです。

――やはり問題は「正味」ですよね。それでは、多くの街の本屋が不満を持つ「新刊配本」※2についてはいかがですか？

**矢幡**　話題のＡＩ配本には危険性があると思っています。元々配本がなくて販売実績がない店舗には求める本が来なくなるのではないかと心配しています。

――不安な面はありますよね。何か新刊配本で新たな試みはないのですか？

**矢幡**　ある出版社の新刊について東京地区の本屋だけは、希望数を聞いてもらって、その数をテスト的に指定配本してもらって大変に助かっています。

――幾つかの出版社が提案している「**ロングセラー本を書店が買い切り条件で仕入れて正味を下げる**」試みについてはいかがお考えでしょうか？

**矢幡**　その試みに参加する本屋は多いと思います。希望する本屋と希望する出版社だけで始める方法もある。ＲＦＩＤ（個体認識できるＩＣタグ）を導入すれば個体管理ができますが、それが広く流通するまでの間は対象のロングセラー本のＩＳＢＮ（書名の識別番号）もバーコードも変えて識別し買い取りを実施することも考えられます。

——商流を担う取次にこの試み（個別銘柄の正味変更）に対応できるシステムがあれば一番良いですが、それが困難な今は出版社が相応のバックマージンを支払うか、出版社と書店との直接の取引で始めることもできますね。

## 小島の解説

出版界の重鎮諸氏は、ロングセラー買い取りについて前向きに検討できないものだ

※1 「取次」出版物の問屋と理解しておきましょう。トーハン（株式会社トーハン）や日販（日本出版販売）の2社でほぼ市場を占有する寡占状態にあり、その年間の売上高は両社ともに数千億円もあり、一般的な問屋よりも事業範囲が広く規模も大きい。

※2 「新刊配本」書店への本の配分（配本と言います）について説明します。通常行われる配本は、書籍も雑誌も出版社が製作数を決めて、取次と仕入数を交渉し、決まった仕入数を全国の書店の過去の販売実績をベースにして取次主導で書店の配本数を決定する典型的なプロダクトアウトの形態です。書籍の場合、各書店への配本数の決定には書店からの希望も参考にしますが、すべての書店が新刊（年間約7万点）全部の希望数は出せないので、取次に配本数の決定権があります。このプロダクトアウト型の配本のことを「見計らい配本」と言いますが、これが返本の原因とされて最近の取次はこの見計らい配本数を大幅に抑制しています。一部では配本をマーケットイン型にしようとする試みも始まってはいます。

ろうか？　希望書店が参加する新たな取り組みについて出版社や取次が検討する価値は十分にあるはずです。

取次が見計らい配本を極端に絞っているので、書店からの希望数を聞く出版社は多い。一部の出版社はそれを組織的に行っているようだが、この試みは他の出版社にも広がってゆくことだろう。取次は適正配本を行うためにも諸外国では導入されて、国内でも一部大手出版社が行っている「配本数を提案した上で書店に新刊仕入れ数を決める」ことを真剣に検討する時期に来ていると思います。

今回の矢幡さんとの取材で驚いたのは、「ＪＰＩＣ（出版文化産業振興財団）には、出版社・取次・書店各団体の代表者がメンバーにいて課題を話し合おうとしているが、「様々な事情から出版界が抱える課題についてトップ同士が、活気ある議論や正式な提案にまで至っていない」と聞いたことです。交流は懇親会場での立ち話や個別に出版社や取次に訪問しての議論が中心とのことでした。

本屋に残された時間は少ない。山積する課題を整理し関係者が一堂に会して公式に議論を始め、解決策が合意し行動に移されるのは、いつの日になるのでしょうか？

出版界は前例にとらわれず改革に取り組んでいかなければなりませんが、矢幡さんは私の話の真意を受け止めてくださり、「正味問題もロングセラー買い取りも、配本問題も雑誌発売日協定も関係者が一刻も早く、一堂に会してタブーなしで話し合いを始め、行動に移しましょう」と言ってくれました。

「聡くん、矢幡さんの話をどう聞いた？」

「大変な時期に本当に難しい立場にあって、ご苦労されていることが伝わってきたよ」

「取材の中で『自社物件でなくて**家賃を払っている本屋はやめるしかなくなっている**のが本屋の現状』と言われていたことが今の全国の本屋の現状を的に伝えてくれているね」

「日本の書店の経営は瀬戸際まで追い込まれているんだね」

# 第4話
# 紀伊國屋書店、TSUTAYA、日販「大連合」の衝撃

「聡くん、見てきたように日本中の本屋は大変な状態になっているだろう」

「そうだね。書店の側から何か新たな具体的な働きかけはないのかな?」

「あるよ。それが、紀伊國屋書店とTSUTAYAと日販が2023年秋に設立したブックセラーズ&カンパニーだと思う」

「初めて聞いたよ」

「聡くんのような一般読者にはそうだよね。でもね、出版界の中では大変な話題となっているんだよ」

「どんな会社で、どんなことを目指しているんだろう?」

「話の前半で公開されている情報を伝えて、後半では叔父さんの考えも伝えるけど、後半は出版界のディープ話になるから少し分かりにくいかもしれないね。その時は聞き流してね」

「どうぞ、よろしくお願いいたします」

紀伊國屋書店とＴＳＵＴＡＹＡ（ＣＣＣ：カルチュア・コンビニエンス・クラブ株式会社の店舗ブランド名がＴＳＵＴＡＹＡ）と日販が立ち上げた株式会社ブックセラーズ＆カンパニーについて簡単に説明するね。従来の出版社→取次→書店の商流を排して出版社と書店が直接取引して、日販は物流と資金回収のみを行うという従来とは全く異なる新たなビジネスモデルなんだ。

参加書店は１０００店舗を超える見込み。出版社とは、新たな契約を結び仕入条件を設定することになる。当然ながら、新会社は粗利を増やすことが大きな目的なので、出版社にもメリットがあるように返品減少モデルや買い取りモデルを出版社に提示している。

この会社には、紀伊國屋書店、ＴＳＵＴＡＹＡのほかに日販傘下の書店であるリブロ・積文館書店・いまじん白揚も参加し、その販売占有は出版界で20％ほどにはなるそうだ。出版社の対応判断が出版界の将来を左右することは間違いないだろうね。

この会社は「書店からの業界改革」をキーワードに、これまでの出版業界の川上主導からの転換を目指していて、こんなミッションが掲げられているよ。

～街に書店が在り続け、より多くの人々が読書習慣を育み、本を通じた「知」や「文化」との接点を持ち続ける豊かな未来を、書店自らの手で切り拓いていく。～

事業内容としては以下の４つがあるそうだ。

①書店・出版社間の直接取引契約に関する企画、請負

②契約書店の仕入業務受託
③契約書店における販売促進の企画及び支援
④契約書店の利益改善に関するコンサルティング業務

これを分かりやすく言うと、このブックセラーズ&カンパニーには日販と取引のある書店ならばどこでも参加できる。新会社は参加書店と出版社との仕入交渉窓口となる。直接取引契約が成立した出版社とは、様々な情報共有を行い、売り伸ばしや返品抑制を図る。

この取り組みに、多くの出版社が共に改革を進めることには賛同はしているという報道もあるけれど、大手4社（講談社・小学館・集英社・KADOKAWA）の具体的な参加形態は協議中のようだね。

ブックセラーズ&カンパニーに出資している各社のトップは、各出版社に対して個別にも直接説明を行っていて一部の出版社は参加の意思を示しているそうだ。一方では業界関係者の中には懐疑的な意見があるのも事実で今回の一連の取材でも様々な意見を聞いたよ。

今後、出版社は、この会社で取り扱いマージン制（扱う書籍すべてにマージンを受け取る）に移行すると思われる日販と、卸としての出版販売会社（売れたものだけをマージンの対象にする）であり続けるトーハンとで異なる対応が求められるだろうな。

紀伊國屋書店の高井昌史会長の発言のように「書店粗利30%が実現したら、多くの書店が参画する」可能性も高いとも考えられるよ。日本の書店を存続させるために出版社には、利益再配分への取り組み姿勢が求められていることだけは間違いない。

## 小島の解説

紀伊國屋書店やTSUTAYAでさえ、書籍の店舗販売部門の赤字が続く場合、日本国内の伝統的な書店経営は続けられないことになります。そんな事態を避けるために前述の3社がブックセラーズ&カンパニーを立ち上げて出版社に仕入条件の改定を申し込んでいます。私はこの取り組みが旧態依然たる出版流通に対するアンチテーゼとして発展することは大いに意味があると思っています。ただし、現時点で不明な点があります。

①日販の取り扱い手数料の計算方法はどんな基準で決まるのか？
②日販はコンビニとの取引を大幅に縮小し、現在の雑誌流通の仕組みに乗っかった出版流通から、今後は新たな独自の書籍流通網の整備が求められるが、いかにしていつ頃までにこの書籍流通網を構築して、この事業の負託に応えるのか？
③書籍の個体管理ができない現状で、従来の条件で仕入れた書籍と新たな条件で仕

入れた書籍は外形上で区別できないので、店頭に残る流通在庫の返品入帳処理と同時に発生する書店在庫の「評価損」の処理はどうするのか？

公開情報では、これ以上のことは分かりません。出版社に聞いても分かりませんでした。ブックセラーズ&カンパニーの関係者の皆さんからの情報発信が待たれます。

前述した③についての本書での試案は、正味下げではなくてPOSデータに基づき、出版社が売れた書籍に対してブックセラーズ&カンパニーへ一律10％の売上報償金を払う方法です。この方法なら出版社も売れた書籍への支払いなので比較的受け入れやすく、返品入帳問題や「在庫評価損」も発生しません。

私には日販が、ブックセラーズ&カンパニー事業に社運を賭けているようにも思えます。これからの出版界がトーハン1強になる未来と日販とトーハンが競い合う未来のどちらがその健全な発展に寄与するかを出版社や日販取引の書店関係者が真剣に考え、判断しなければならない事態に迫られていることだけは間違いないでしょう。

「聡くん。この話をどう聞いた？」

「出版界の人間ではない僕には話の後半部分は、ほとんど理解できなかったよ。ただ、書店が出版社との直接取引を始める手間を考えても、従来の方法を刷新しマージンの拡大を望んでいることだけは分かったよ。『在庫評価損』は何のことだか分からないけど」

「大丈夫。決算書のバランスシートが理解できるようになれば分かるようになるから」

「そうなのか、それでも分からないことがある」

「何だろう?」

「紀伊國屋書店の2023年8月期決算は売り上げも利益も過去最高だと聞いたよ。それなのに、なぜ功成り名遂げた高井会長はブックセラーズ&カンパニーでも会長になって火中の栗を拾うのだろう?」

「なるほど。その本当の理由は高井会長に聞くほかはないけれど、叔父さんが想像するに紀伊國屋書店自身の国内店舗の書籍販売事業への危機感と最大手書店のトップとしての書店業界全体へのノーブレスオブリージュだと思うね。ある関係者によると、紀伊國屋書店としては正味問題含めて問題ないのだけど、書店の未来を考えて高井会長の判断で決めたことらしい。最近、閉店が進んでいるTSUTAYAと組んだのも書店再生へのインパクトを考えてのことという話だったな」

# 第5話 ある地方書店「倒産」までの一部始終

「書店の問題点が少しずつ浮かび上がってきたけど、次に実際に潰れてしまった書店の話を聞いてみよう。長年に亘(わた)って粉飾決算を行っていた地方の書店が経営破綻した様子をフリーランスの記者が取材していて、そのときの様子を語ってくれたんだ」

「聞くのが怖い気もする」

「書店業界の負の歴史だね。少し話を加工しているけれど、事実に基づいた生々しい話が出てくるから、そのつもりで」

## 「客注だけでも、何とかしてくれませんか」と泣いて頼む

**記者**　そのこと（経営破綻）が起こったのは、数年前の秋のことでした。本が全く入っ

てこなくなったとのことだったので、現地に取材に行きました。「物流システムのトラブルにより、本の未入荷が発生しています」と書かれたポスターで読者には告知されていました。その前からいろいろな予兆はあったらしいのですが、創業者が急逝された頃から会社がおかしくなってきたのだと思います。

——そうでしたか。

**記者**　ずっと本だけでやっていたのがレンタルを始めて、文具とかゲーム、CDとか始めていって、バブル時代が終わってもすごく調子が良かったこの時期が一番華々しかったと聞いています。店舗網が一気に広がったそうです。

——なるほど。

**記者**　店舗は基本的に広くてスタッフもたくさんいましたが、まずレンタルDVDの売り上げが落ちて、CDがダメになって、本がダメになっていったように感じていました。

　ある時期から「ちょっと支払いが良くないらしい」という話が会社全体に広がり、「優先順位を付けて仕入先を絞れ」ということが社内で徹底されるようになり、取次さんへの支払いは待ってもらっていたようです。それがその年の8月、9月、10月と、取次さんに支払いジャンプ（支払うべき時に支払わず、支払い時期を飛ばすこと）をお願いし続けたと聞きました。取次さんもさすがにしびれを切らして「不本意ながら商品を止めるしかない」という通告があったそうです。

――取次さんが商品を止めるって、よほどのことじゃないですか。

**記者**　その通告があった10月の末も支払いができなくて、会社から「明日から商品が止まる。覚悟してください」との通達があったそうです。

――そうでしたか。

**記者**　はい。それでも書店員たちは、雑誌はとりあえず日々のものがあるので送られてきて、書籍の注文から徐々に止まるという甘い認識だったんですけど、すぐに雑誌も含めすべての商品が止まったそうです。そうすると客注（お客様から受け付けた本の注文品）が困りますよね。だからお客様には「物流システムの不都合で」とポスターで告知をするしかなかったようです。

――なるほど。そういう経緯だったんですね。信用不安みたいなものは広がりませんでしたか。

**記者**　その時点で会社の債務超過のことは、もう知れわたっていたのだと思います。実際に完全に支払い能力もなかったようですから。

――本が届かなくて現場は本当に苦しかったでしょうね。

**記者**　雑誌が止まるのは困るからと、経営者さんもいろいろ交渉したそうです。取次さんの幹部の方がいろいろ奔走してくれて、「とりあえずお客さんに迷惑をかけるわけにいかない」と、その後しばらく雑誌は動かしてくれて、倉庫に留め置きしてくれたようです。

――倉庫に留め置き？

**記者**　書店員たちは、留め置き場所にみんなで取りに行って、各店に自分たちで輸送して店に運んだそうです。だから現場の書店員たちは取次さんには今でも本当に恩義を感じているそうです。それでも1週間くらいで商品はストップしてしまったそうですが、やはり客注が困るので、もう一つの取次さんにはまだ帳合（取引口座）があったので、幹部の方が「客注だけでも、何とかしてくれません？」と頼んだそうですが、営業担当から泣いて謝られて断られたそうです。

――両取次も現場の人も店を救いたい気持ちは一緒だったんですね。

**記者**　そうですね。わりと大きい会社なので、取次も潰すわけにいかないということで、企業の経営状態や財務状態の精査を始めるということになったそうです。現場の人間には、とりあえず仕入をほぼカットするように指示があり、発注を基本的にしないで、店頭在庫を取次さんに返品して債務を目減りするような指示が出たようです。

――本を売るよりも返品することが優先される書店現場は、しばらく修羅場だったでしょうね。

**記者**　そうだと思います。11月ぐらいになると、取次さんへの支払いを月々抑えなきゃいけないことや各取引先をある程度縮小していって、本当に必要なところだけ残していく。その上でどうしたら、少しでも目の前のお客様に迷惑をかけないのかということを現場で優先して考えていたそうですが、できることは限られていたと思います。

――現場は誰が仕切っていたのですか？

**記者**　現場は基本的には店長クラスが取り仕切って動かしていたそうですが、現場も幹部の方々にも課題山積だったようです。

――不動産の処理もありましたよね。

**記者**　そうだと、聞きました。メインバンクは、有名な地銀でした。その銀行が主導して、債権者を何十社も集めて、債権処理を主導したようです。債務を帳消しにするわけですから、大変だったようです。

――確かにそうでしょうね。

**記者**　店舗では、商品が仕入れられないから、これは未来がないなって思っていたようです。結局、会社は整理され、書店員たちは別の書店に転職したり、全く別の業界に転職したりしてバラバラになったそうです。私もこの書店さんに何人も知り合いがいたのですが消息不明の人が多いです。

「聡くん、どうだった?」

「凄すぎて言葉もないよ。ところで、粉飾決算ってそもそも何なの」

「どんな企業も年に一度は決算書を出して、会社の実態を明らかにする必要があるけれど、その実態を隠して赤字なのに黒字と言ったり、お金も財産もないのにあるように見せかけることが粉飾決算」

「そりゃあ、取引先は騙されたことになって怒るよね」

「今回の書店だけでなく、金融機関も取次も経営危機に陥った書店を最初は助けようとするけれど粉飾決算が分かった途端に厳しい態度になる」

「なるほど。それでも地元の金融機関や取次は最後まで何とかしようとしていたね」

「経営者の失態はあったけれど、現場で働く方々は誠実な書店だから、何とかしようとしていたんだろうなあ。逆に出版界が金融機関にしてやられた事例もあるよ」

「逆の事例？　それって、どんな話なの？」

「出版界が金融機関に見くびられた上での倒産について話をしよう」

「怖い話になりそうだね」

「2015年に栗田出版販売が経営破綻し民事再生を申請したけれど、ある金融機関から栗田に出向した方がいたけれど、資産を整理売却した後の民事再生手続きだったので、このメインバンクのみならず金融機関には不良債権はほとんど残らず、債権者名簿にメインバンクの名前がない。負債総額135億円。このほかにも太洋社という中堅取次があったけれど、2016年に同様に経営破綻したんだ。その時のメインバンクは前述とは違う金融機関だったけれど、このメインバンクもほとんど傷つくことなく経営破綻時に債権届を出していない。負債総額84億円余。栗田出版販売の時も太洋社の時も、その負債のほぼすべてを出版社が負ったんだ」

「えーー、そうなの。出版社はしてやられているね」

「特に栗田出版販売の民事再生申請に基づく一連のことについて、叔父さんのような実務者の観点からは、疑問が残ることがあるんだ」

「どんな疑問なの？　分かりやすく教えてください」

「まずは、民事再生申請前に特定の債権者に優先的な返済が行われて、債権者に対して不公平なことが起きないようにすることは大切な点だけれど、当時の出版社は金融機関の動向を知っていたのかな？」

「なるほどね。そんなことが行われていたら、普通の債権者は怒るよね」

「そうだね。そして、栗田出版販売の民事再生処理で問題を一番複雑にしていたのは、民事再生した栗田出版販売を当時の大阪屋（業界3位の取次）に実質的な吸収合併をさせたことなんだ」

「取次の大阪屋は、経営破綻した栗田出版販売を吸収合併したんだね」

「ただ、こうすると民事再生処理の前提が崩れてしまう気がする」

「どういうこと？」

「債権者（主に出版社）は再生を支援するために、自分が持っている債権を放棄します」

「債権を放棄するって、出版社には大きな痛手だったろうな」

「そうだよね。だから、債務者（栗田出版販売）は『経営再建計画書』を書いてそれを実行に移し、その後は利益とフリーキャッシュを生む会社になって債権者に弁済してゆくことになるのが民事再生の基本だけれど、吸収合併してしまうと、栗田出版販売にあった固有の赤字体質が改善されて、利益とキャッシュを生む会社になったのかを確認する方法がない。もし、改善されていなければ、吸収した大阪屋の経営を苦しくすることにもなっただろう」

「そうだね。その後は、どうなったの？」

「栗田出版販売は、法人として完全に消滅し、大阪屋も様々な経緯を経て楽天グループの出資を受けて『楽天ブックネットワーク』として、従来とは全く異なる形になっている」

「そうだったんだね。栗田出版販売が持っていた赤字体質は改善されていたのかな？」

「今となっては分からない。叔父さんが、それよりも分からないのは、取次の特殊事情で起きた、再生債権（民事再生申し立て前債権）と共益債権（民事再生申し立て後債権）の処理の不透明さなんだ」

「何それ？」

「民事再生処理において、債権者はこれまでの債権（再生債権）を放棄するから、今後の債権（共益債権）は全額支払ってもらうのは大原則」

「まあ、そうだろうね」

「でもね、取次は出版社に仕入れた本を返品できるよね」

「再販制度があるからね」

「出版社は栗田出版販売への再生債権である売掛金を放棄したのだけれど、栗田出版販売と大阪屋が合併して両社の在庫が一緒になってしまうと、出版社は大阪屋からの返品を受ける際に栗田出版販売の在庫が混じっていても判別しようがない」

「そうか、見た目は同じだからね」

「そうすると、一定程度は栗田出版販売の在庫が混じっている大阪屋からの返品を受け取った時点で出版社は放棄した売掛金の一部をもう一度放棄していることになる」

「ほんとうだね」

「当時、民事再生の依頼を受けた優秀な弁護士さんが民事再生法に従って民事再生計画を立て、裁判所もそれを認めているので、法律的な瑕疵はないと思うけれど、叔父さんみたいな実務家からすると、分からないことが多いね」

「出版社は、当時、これらのことを知った上で債権放棄して、民事再生に同意したのかな？」

「どうなんだろうね？」

「でもね、最後に言っておきたいのは、金融機関は民間企業の味方ということ」

「よく、『雨が降ったら傘を取り上げ、晴れたら傘を差しだす』なんて聞くけど」

「そんなステレオタイプの認識は間違っている。今の金融機関は、赤字や債務超過でも、その企業の将来性を感じてくれて情報開示に積極的であれば、相談に乗ってくれます。出版界の皆さんは日頃から正しい金融知識を持ち、金融機関と情報交換されて良い付き合いをしているのか？叔父さんはとても心配になるよ」

# 第6話
# 地域に愛された本屋が消える時

「次も地方書店の厳しい状況をみてみよう」

「地方書店の現状は首都圏に比べてさらに厳しいんだよね」

「そうだと思う」

「ここでは、地域に愛されながらも閉店した関西の本屋の話をするね」

「街の本屋さんが閉店する時って何が起きるのだろう?」

「この本屋の創業者は地方の出身で新聞配達をしながら高校、大学に通い、書店に就職した後に身を立て本屋を始め、様々な取り組みで売り上げを伸ばし地域に愛された本屋だったけれど、最後は売り上げがピーク時の半分にまで落ち込み、残っていた店舗すべてを閉店し『自主廃業』したんだ。この本屋の関係者が匿名を条件に話をしてくれたよ」

## 取次さんは雑誌を諦めてないですか？

「街の本屋は雑誌とコミックが生命線なのに、取次さんは雑誌を諦めていないですか？」

――そんな風に感じられているのですね。（この取材の後に、日販がローソンとファミリーマートとの取引を辞退することが報道された）

「取次さんからは、本ではなくて雑貨の営業ばかりになりました。取次さんには、あまり期待しなくなっていました。取次さんからは、これまで沢山助けて頂いたこともあります。一時は、厳しい経営状況を救おうと昔の担当だった方が決算書分析までして、一緒に経営改善策を考えてくださったこともありました。でも、どう考えても利益を出すのが難しい**本屋という商売は破綻しているのかもしれません**」

――そうだったんですか。取次には文句もあれば感謝もあるということですね。地元の方々に愛されながらも閉店せざるを得なかったこの本屋の話をしてくださいますか。

「私がここで働き始めて20年余の売り上げは、ほぼずっと下り坂でした。それでも小さなお子さんからお年寄りまでが普通に来てくれる本屋であり続けたことは誇りです。

自分が仕入れた本をお客様が立ち読みをしてくださったり、買ってくださる時の喜びや絵本のお話し会に子ども達が集まってくれた時の笑顔は忘れません」

――店舗の閉店が決まったあとはどうでした？

「『困る。困る。毎月買っていた雑誌はどこで買えばええんや？』『近所に本屋が無くなるのは、ホンマに困るで、どうしよう？』って声をかけられました」

――聞いていて切ない気持ちになりますね。

「私は本屋と取次や出版社との繋がりが、以前よりも薄れていったことに残念な気持ちや不満もありますが、そこに閉店の理由があるとは思いません。一番は自店の責任だと思いますが、社会的に『本を読む・本を買う』ということが身近ではなくなっていることは事実ですし、これはもう、書店だけが頑張ってどうこうできる次元ではなくなっています。幼少期からの本との関わり方、学校での教育など、本を読む人を育てるところから始めないと、**読書という文化自体が消滅してしまう**気がします。誰が悪いとかじゃなくて、取次も版元も書店も共存できる方法を考えてほしい。どこも不況で自分のことで精一杯だと思いますが、どれが欠けたって良くはならないと思います」

## 小島の解説

　時代の荒波は最初に弱い部分に押し寄せます。地元の方々に愛され誠実に本屋の仕事をされた、この本屋の閉店の話は当時の出版界でも大きな話題になりました。ここは、まだ余力がある間に閉店されたので、取引先やお客様への影響も最小限に抑えることができています。

　私は沢山の書店の閉店を見てきました。夜逃げした本屋、取次への未払金が膨らみ過ぎて取次から取引停止を通告され、店頭在庫を引き揚げられて倒産に追い込まれた事例などです。私も取次にいた一人として、こういうことと無縁でなかったことは告白しておきます。

　この関西の本屋は違いましたが、地元の小さな本屋は学校教科書を取り扱うことも多く、これらの本屋の閉店が相次ぐと小学校や中学校の生徒さんが使う教科書の供給はどうなってゆくのでしょうか？　この答えを誰も出していませんが、この教科書問題も出版界の目の前に迫る危機の一つです。

「聡くん。この話をどう聞いた?」

「街の本屋さんが、聞きしに勝る大変な状況にあることが分かったよ。抜本的な改善策はなかったのかな?」

「叔父さんも取次にいた当事者の一人だから、自分を棚に上げての話になるけれど出版界は戦後50年一貫して成長してきた。ピークを過ぎてもその成功体験から抜け出せずこの30年は一貫して衰退してきている。これって〝日本経済の失われた30年〟にシンクロしているようにも思える。20年以上前に出た佐野眞一の名著『だれが「本」を殺すのか』にこんな記述がある。『出版不況真っただ中、改革は待った無し』。今から思えば20年以上前はまだまだ良い時期だったが、出版改革は、当面の弥縫策ばかりで根本策が行われず、〝待った〟をし続けた20年間だったのだと思う。この責任は取次も出版社も等しく負うべきものだが、その苦難と被害を街の本屋が一番受けている現状を出版界にいる者は目をそらしてはならないと思うよ」

# 第1部まとめ
# 書店はいまや『構造倒産業種』になっている

「聡くん、ここまでの話を聞いて、どう感じた？」

「どうやら、書店業界だけでなく出版界全体に課題があるのが分かって、行き詰まりを感じたよ」

「確かにそうだね。再販制度があって自分で値上げができない日本の書店は『構造不況業種』なんかではなくて**『構造倒産業種』**になっているね」

「もう、街の書店を救う手立てはないのかな？」

「いや、そんなことはないさ。**構造的な課題は構造的解決を要求する**ことを業界全体で理解して解決に取り組めば良いと思う。結論から言えば、価格決定権がある出版社が取次に卸す正味（価格に対する掛け率）を下げて、赤字経営の取次と書店に適正配分されるようにするか、同程度のリベートを取次と書店に支払うようにする」

「出版社の経営も厳しい状態にあると思うよ」

「出版社は、このコストを一定程度は本の価格に上乗せして出版社自身の収益も守る。こうしなければ、賃借店舗で経営している日本中の書店は2028年を待つことなく廃業するほかの道は残っていないね」

「誰が何から行動すれば良いと思う？」

「それは、一番厳しい状況にある書店が自らを救うための行動を起こすことから始まる」

「具体的には？」

「書店は『**座して死を待つか行動するか**』の状況にあるから、各地の書店集団であるトーハン会や日販会、それに各県の書店組合は、今こそ取次に「書店マージン30％」要求決議をしないで、いつするのだろうか？　機は熟したよ。取次は書店の味方なんだよ。その声を受けて取次に書店の代わりになって出版社に交渉してもらう。その一つの形が第４話に出てきたブックセラーズ＆カンパニーだと思う」

「なるほどね」

「トーハンは出版販売会社として最大手になり、雑誌の市場占有が70％にもなるその存在感を活かして交渉してくれる。いまこそ、全国の書店が声を大にして『書店マージン30％』の運動を始める時だと思うね。そこからすべてが始まる」

「書店自身には、どんな変革が求められるの？」

「当然のことながら、書店にも従来とは異なる取り組みが求められるよ。まずは「新刊を自分で発注する意思と能力」を発揮すること。具体的には、この本でも紹介している『書店が自らの意思で新刊本を仕入れ始める』ことから始めて、いずれは出版社の製作部数にまで反映させるようになって初めて小売りとしての書店業が成立するだろうね」

「取次頼みの新刊配本からの脱却だね」

「そして第3話で矢幡氏が言及し、この後の第4部では出版社からも提言がある『ロングセラーの買い取り』で書店もリスクを取り、利幅を獲得する小売店になることだ。出版社には書店を支援する用意がある。その前提は、本屋が『従来型から抜け出す意思と覚悟』です。すべての書店に、生き残りを賭けて買い切り商品にも自主仕入れにも挑戦する姿勢が求められているのだと思う」

「窮地に陥っている書店は、いつどんな行動を起こすのだろう?」

「すべてはそこにかかっている」

# 第2部

# 注目の個性派書店から見える希望

# 第7話
# 書店界の「再生請負人」登場

「聡くん、暗い話が続いたから、ここからは各地で元気に頑張っている書店の話をしようね。今、出版界で注目されている京都の大垣書店の社長さんの話って聞いてみたくない？」

「ぜひ、聞きたい」

「大垣書店は直近の2023年8月期決算においても、この出版不況の中でも増収の決算を叩き出しているんだ。本業以外にも事業展開しているけれど、大垣書店の決算の特徴は、多角化を進めながらも本の売り上げ占有が圧倒的に高いところにあるんだよ」

「そんな話が聞きたかった！」

「1942年創業で発祥の地は京都だけれど、今は北海道、東京都、愛知県、広島県などの地方書店と業務提携し、大垣書店のノウハウを提供し、その再生にも注力しているんだ。大垣全央社長は2021年11月に兄の大垣守弘（もりひろ）さんから社長を引き継いでいます。大垣社長に本屋再生の道を聞くと意外な答えが返ってきたんだ」

「どんな答えだろう?」

「出版社のKADOKAWAが大手書店グループに実践していることを他の大手出版社も実践するだけで出版流通の景色は大きく変わる」

「大垣社長の話を聞いてみよう」

# 本屋が本の力を信じないでどうするんですか!

大垣書店代表取締役社長　大垣全央(おおがきまさお)

——まず、この出版不況の最中、2023年11月に東京初進出。しかも麻布台ヒルズへ出店されましたね。下世話な話ですが、家賃も相当に高かったのでは?

**大垣**　本屋を応援してくれる人は意外に多いのです。森ビルさんが麻布台ヒルズという新しい街作りをする際に、大型書店の誘致は住民からの必須要件だったそうです。森ビルさんから、弊社が展開する大垣書店京都本店や堀川新文化ビルヂング店における様々な取り組みを評価して頂き、正式に出店の依頼を受けました。本屋が高い家賃を払えないことも先方はご承知でしたので、本音で相談をさせて頂きました。

――暗いニュースが多い中で、とても明るい話をありがとうございます。大垣書店さんは、「地方書店の存続と地域の読者のために」を標榜する大田丸※という地方書店のアライアンス組織も作られていますよね。その上に、広島の廣文館ほか書店の再生に取り組んでおられます。何を大切にしていますか？

**大垣**　書店の再生はどこも大変ですが、経営を引き継ぐ前に働いていた店員さんはやる気に溢れています。その力を発揮できるような環境を提供することを大切にしています。

――破綻した書店の書店員はとても不安だったと思いますが、プレジデント社の営業の方に聞いても「大垣書店の傘下になってから、担当者が活き活きと働いていて凄い」と聞きました。ところで、KADOKAWAが始めたユニークな取り組みについても話を伺わせてください。

**大垣**　まず新刊仕入れについてお話しします。KADOKAWAから仕入れ提案数の提示は、あるものの全点の仕入れ数は、大垣書店自身で決定します（新刊は通常、取次か出版社が書店の意向とは無関係に決定する）。追加注文は発注した翌日に希望数が満数KADOKAWAから直接送られて来る（通常は発注から数日から数週間後に取次から書店に送られて来るが、人気の本だと減数されることが多い）。要するに他業界では当たり前に行われている小売店の注文が希望数通りに迅速に入手できる仕組みです。

――本屋の仕入れ能力が思い通りに発揮できますね。

**大垣**　ここでの取次の役割は新刊の配送と返品の物流のほかには決済業務と限定されています。この結果、大垣書店におけるＫＡＤＯＫＡＷＡの販売実績は伸び、返品率も業界全体の半分しかない20％台に激減させています。

――凄い実績ですね。

**大垣**　本当ならば、取次さんがこの仕事を担ってくれるのが一番なのだけれど、それが実現するまでには時間がかかりそうです。もう本屋に残された時間は少ないんです。ＫＡＤＯＫＡＷＡ以外の出版社にもこの試みを始めてもらいたいですね。一部で導入が始まっているＲＦＩＤ（本の個体管理ができるタグのこと）を活用して「ＲＦＩＤが装着された人気の本は買い取る用意もあるから、その分は正味も下げてほしいと思います。

※　大田丸の会員書店：大垣書店（京都府）、今井書店（島根県）、廣文館（広島県）、朗月堂書店（山梨県）、文苑堂書店（富山県）、啓林堂書店（奈良県）、久美堂（東京都）、豊川堂（愛知県）、ブックスタマ（東京都）、オー・エンターテイメント（和歌山県）、東山堂（岩手県）、芳林堂書店（東京都）　12書店　１２８店舗（２０２３年3月1日現在）

――この厳しい時代に本屋はどうすればいいでしょうか？

**大垣**　本屋は、もっとお客様を見ること！　**本屋が本の力を信じないでどうするということに尽きますね。**本を売るために我々は何をすべきなのか？を考え続けることが本屋の仕事だと思うんです。あと出版社への要望は、例えば**Z世代の人に訴求するなら編集もZ世代の人を登用して、新たな本づくりに挑戦し、売れる本を作ってほしいですね。**

## 小島の解説

ＫＡＤＯＫＡＷＡと大垣書店が実施している新刊配本の方法は第２話で三洋堂書店の加藤社長が提唱するものと相通じています。全国の書店が念願する新刊配本改善の鍵は取次が持っています。取次も標榜するマーケットイン型流通に従った新たな配本が実行に移される日が待たれます。

「聡くん。大垣さんの話をどう聞いた？」

「こんなにも挑戦的な本屋さんがあったことに驚いています」

「叔父さんが、この取材で一番驚いた話をするよ」

「他にもあるの？　何だろう」

「大垣書店さんがブック&カフェのアルバイトを募集した時に実際にあった話。その店は映画館も併設する大型ショッピングモールの中のカフェなのだけれど、面接で応募してきた人達は『本は買わない・映画も観ない・モノも買わない』の3ないで、すべてをスマホで済ませるそうだ」

「うーん、僕の大学にもそんな人も多いと思うよ」

「それだけじゃないんだ。若者が言った言葉が鮮烈なんだ」

**『紙の本は、どこで買えるのですか？』**

「えー！　その話には確かに驚くよ。でもね、そんな若者にとって紙の本は新鮮なメディアなのかもしれないよ。ラジオやカセットテープが若者の中にも復権しつつあるように」

「そうか、出版界の工夫次第で若い人を紙の本に取り込む余地は大いにあるのかもしれないね」

# 第8話 本屋ほど安全な商売はない

「ここで紹介する洞本さんは5歳で近所に本の配達をし、7歳でレジに立ち、中年となった今でも、絵本専門士として子どもたちに絵本との出会いの場を作っているんだ。この驚くほどのバランス感覚の持ち主で根っからの本屋さんの話を聞くことにしよう」

「どんな本屋だろう?」

「ふたば書房の店舗は京都を中心に東京・名古屋・大阪に展開していて、最近は滋賀県にも新店舗を出しているんだ。本屋10店舗、絵本専門店1店舗、雑貨店15店舗の構成。大垣書店とは同じ京都が本拠地なのだけれど、その性質は全く異にしている。洞本さんの話は興味深いよ」

## 本屋もリスクを取って買い切り仕入れに挑戦しましょう

ふたば書房代表取締役　洞本昌哉（はらもとまさや）

**洞本**　本屋ほど安全な商売はないですよ。ウチは本も雑貨もやっているけど、雑貨は半年前に発注し、何があっても発注取り消しも返品もできない。季節性のあるものは、売れない時は不良在庫化するわけ。でも本は売れなければ仕入原価そのままで返品もできる。コロナ禍は巣ごもり需要で売り上げも大いに伸びた。だから私が言いたいことは、**本屋もリスクを取って買い切り仕入れに挑戦しましょうということです。**

――それは、委託制度と再販制度に護られている本屋仲間への警鐘ですね。

**洞本**　本屋は本だけでは商売できなくなっています。他の商材も扱って利益を出して本も売る必要があります。他の商材は言うまでもなく買い取りです。本屋がこれに挑戦しなければ未来はありません。さらに言えば、取次におんぶに抱っこの商売では未来は開けません。仕入先も多様化することです。ふたば書房は雑貨ほかの仕入先が最大で300社あります。日販さんは大切な取引先ですが、その中の一社に過ぎません。

――本屋の未来のあるべき姿をどうお考えですか？

**洞本**　**著者と読者を繋げる情報発信としての場になるべきだと思います。**例えば弊社では、著者の自宅とオンラインで繋いで読者との対話の場面を作るネット配信サービスや図書館長にも出演してもらい本の魅力を語ってもらうなど、様々な企画を実施しています。本屋は厳しい状況にあるけれど決して諦めないで、本好きの本屋のオヤジがもっと本を読んで発信し**本を語り合える場としての本屋**を一緒に守っていきたいと考えています。

――取次への要望はありますか？

**洞本**　本屋と取次さんはＢｔｏＢですが、本屋と読者はＢｔｏＣです。読者を見据えて読者のためになる事を一緒に考えてゆきましょう。取次さんの経営が厳しいことも承知していますから、もっとオンライン営業も活用されてコストを削減されてはいかがでしょうか。それと日販さんとトーハンさんの物流統合も、もっともっと進められたら良いと思います。ただ、実質2社になった取次の寡占化には、とても心配しております。

――出版社への要望は。

**洞本**　今も本屋に来てくれる読者は、我々書店員と同様コアな活字中毒です（笑）。この人たちの期待に応える付加価値の高い本を作って、さらにコアファンにして価格も上げて正味も下げてほしい。そして本が出来上がったら、そんな本を作った編集者の熱を本屋にもダイレクトに届けてほしいです。そして作家さんは、作家自体が商品となって収益化することもできます。出版社の財産である作家さんと読者が出会う場面を本屋と一緒に作りませんか？

## 小島の解説

洞本さんに、直木賞作家今村翔吾さんとの出会いについても聞いてみた。元々は今村先生のご父君が主宰されている演舞集団「関西京都今村組」からのお付き合いだそうだ。

今村翔吾さんが地元関西の作家ということで洞本さんが取り組んでいる「地元作家応援プロジェクト」で今村先生を応援しようということになり、サイン会を企画したところ出版社からは難色を示されたが、やってみたところ、当時無名だった今村翔吾サイン会に集まったのは8人だけだったそうです。

そこからご縁が深まり、今村先生から「本屋をやりたい」の相談を受けて箕面市の「きのしたブックセンター」のオーナーになってもらい、ふたば書房のフランチャイズとして開店されたそうです。開店日は先生が直木賞を受賞される直前の2021年11月1日。その後に今村先生が直木賞を受賞され、この本屋が多くのマスコミに取り上げられるのです。

今村先生は、次に佐賀県でも本屋を始められました（詳細は第25話）。洞本さんは作家のプロデューサーでもあるようです。私は洞本さんの本への深い愛情に敬意を表します。

「聡くん。洞本さんの話をどう聞いた？」

「こんなにも本好きで著者のことまで考える本屋があるなんて驚きです。今村翔吾さんのように作家が本屋をやっている事例ってあるのかな？」

「福島県相馬市で柳美里（ゆうみり）さんが始めたことは知っているけれど、寡聞にしてほかは知らない。柳さんは自ら住み込む本格的なものだけど、そこまでしなくともベストセラー作家になって財を成した方が、好きな場所で地域活性化のために本屋のオーナーになるのは、面白い試みになると思う。世の中に本屋をやりたい人は沢山いるし、書店経営のノウハウを教えることは叔父さんはじめ多くの人がいる。無いのはお金だけ。作家が出資した特徴的な本屋が各地にできるのも素敵だと思う」

# 第9話 北海道の雪にも負けない「4頭立ての馬車」

「続いてローカルチェーンで経営好調の書店トップに話を伺います。聡くんは、北海道釧路市に本社があり、リライアブルブックスやコーチャンフォーのブランド名で北海道に8店舗と東京都に1店舗と茨城県に1店舗を出店している書店チェーンを知ってる?」

「北海道にはご縁がないから、残念ながら知らないよ」

「出版界では注目の凄い書店チェーンなんだよ」

「どんな書店なの?」

「2022年度の年商は142億円。どこも非常に大きな店舗で地域の注目を集めている。コーチャンフォーとは4頭立ての馬車のことで『書籍・文具・ミュージック・飲食』4つの事業の柱を表しているんだ。コーチャンフォーの書店経営の考え方は書店人の誰にも学ぶところが多いよ」

## 初日で1万冊売った目利きの力

株式会社リライアブル代表取締役社長　佐藤暁哉（さとうときや）

――書店業界の現状は深刻で、日本全国で書店数が凄い勢いで減っています。チェーン店さんも全体的には、大変厳しい状況にあります。その辺から聞かせてくださいますか？

**佐藤**　書店界全体としてプラスかマイナスかというと、残念ながらマイナスだろうなという風には思っています。書籍ビジネス単体として成り立たせるのは年々難しくなってきていると感じています。当社は文具や飲食などの複合店舗なので、それぞれの事業が来店動機を作って売り上げを伸ばす体制です。もちろん書籍事業単体でもしっかり黒字ではあるのですが、複合店舗でないと苦しくなってくるだろうなと。

――書籍事業で黒字っていうのは、このご時世で凄いことですね

**佐藤**　自社で土地・建物を取得して運営しているので、家賃がかかりません。またテナントではなく、全て自社運営と言うのが大きいと思います。

——道内の店舗は、ほとんど家賃はないのですか？

**佐藤**　コーチャンフォー一号店である札幌市の美しが丘店などは土地を借りて、建物を当社で建てるというやり方でしたが、それ以降は基本的に土地・建物全てを取得するようにしています。

——そもそも、この複合の4業態ができた経緯は？

**佐藤**　リライアブルの発祥はミスタードーナツです。1978年に私の父である会長が、北海道釧路市にミスタードーナツをフランチャイズで出店したというのが始まりとなります。私の父（現会長）は非常に読書が好きなのですが、人口22万人（当時）の釧路市には、新聞に掲載されている新刊が手に入る書店が1つもなかった。欲しい本を釧路でも買えるようにするために、ミスタードーナツとレンタルビデオを併設して、1990年にリライアブルブックス運動公園通り店を出店しました。これに文具事業、ミュージック事業を加えて4つの事業となり、コーチャンフォーの基礎となりました。

——なるほど。今の書店さんの複合化の先取りみたいな形ですね。書店で黒字ということですけど。書店において粗利益で販管費が収まらない状況をどう思われますか？

**佐藤**　土地・建物を持っているため家賃負担がなく、販管費内で収めることができています。本の利益率は23～24%ぐらい、他の物販商材は平均35%ぐらいの利益率があります。10%は利益構造が違うんですよね。数年前に平均的な書店の最終利益率が約1%と言われましたが、1%しか残っていないと、水道光熱費や人件費の値上がり、キャッシュレス手数料の負担に対応できず赤字になってしまいます。支払いが苦しくなり、返品をする。返品をするのでお客様の欲しい商品が店頭に無いという悪循環があるように思います。

——書店は将来に向けてどうしていけば良いと思われますか？

**佐藤**　正解があれば、たぶん皆さんそこへ進んでいると思いますよ（笑）。我々書店業は、文化、言葉を扱っているなっていう風に思っています。言葉を扱っている我々は「言葉の力」を信じなくてはいけないと本当に思います。ネガティブな言葉は使わず、前向きな言葉をもっと出さないようにしていかないと。また書店員として、紙の本をちゃんと読むという基本を大切にしたい。私も毎年200冊以上読書しています。

——リライアブルさんは、店員教育もしっかりされていると感じます。

**佐藤**　リアル店舗がネットに対抗できる大きな要素に接客力があります。水道光熱費など、無駄を省くことでコストを削る部分はありますが、人件費率は減らさないようにしています。スタッフ教育にも時間をかけています。

――そこは書店経営として、重要な側面があるのかもしれませんね。

**佐藤**　重要な側面なのは間違いないのですが、利益率がそもそも低いので、難しいかなという感じですよね。当社新川通り店では150名のスタッフが勤務していますが、150人の雇用を守るためには売り上げも伸ばし続ける必要があります。人の問題と関連するかもしれませんが、書店業界では買い切りの作品も増えてきています。返品率は下がりますが、売り損じも起こりえる訳ですよね。

――人の問題と関連する売り損じですか？

**佐藤**　在庫リスクが発生するので、買い切り商材は導入や追加が弱くなる傾向があります。この商品は売れるとしっかり判断できるスタッフが必要です。また、新刊時は売れなかったのに、何かのきっかけで大きく動き出す本も多数あります。こういった書籍は返品ができるため在庫を持つことができます。様々な情報に敏感になる必要があります。

――判断できる人がいればうまく回りますか？

**佐藤**　『鬼滅の刃』最終巻に特装版というのがあって、これにはフィギュアが付いて5720円だったんですけど、買い切りでした。当社は10店舗で約1万冊入れました。それだけで5000万円以上の売り上げっていうことですけれども、初日で売り切れました。

——初日だけで1万冊！

**佐藤**　当日、近くの書店では売り切れていたけど、コーチャンフォーには在庫があると聞いたお客様が殺到しました。買い切りで高額商品のため、予約以上に売るためのリスクは持てないんですよね。本屋は返品ありきで考えるので、このマインドが変わっていかないと、機会ロスになるのではないかと思います。そのため書店経験者が、返品できない文具事業をやると失敗することが多いようです。買い切りで利益率が上がるのは当然良いことですが、そのためには売り上げ動向をある程度判断できる人材を適切に投入する必要がありますし、判断できる人材を作る教育が不可欠です。

——そうしないと、要するに、売り上げにも利益にも繋がらないってことですね。

**佐藤**　そうですね。書店が買い切り商品を扱う時のポイントはそこにあります。

## 小島の解説

佐藤さんには、日販がローソン・ファミリーマートの雑誌取引をやめることをはじめとする物流問題や紀伊國屋書店、TSUTAYA、日販が立ち上げたブックセラーズ&カンパニーについても聞きましたが、一番印象に残ったのは「DX」[※1]が生まれていない出版界で起きる売り損じの問題と遠隔地で起きる「物流の遅延問題」[※2]でした。

ある本が出版社の予想以上に売れて自店に在庫が無くなって、お客様からの問い合わせがあるような場合でも出版界にはDXが進んでいないので、市場全体の流通在庫やこれからの需要見通しが立たず、出版社は適切なタイミングで適量を重版（増刷することと）して市場に投入して、売り損じを防ぐことができない現状を嘆いておられま

※1 デジタル・トランスフォーメーションの略：企業がビジネス環境の激しい変化に対応し、データとデジタル技術を活用して、顧客や社会のニーズを基にビジネスモデルを変革し、競争上の優位性を確立すること

※2 2024年問題もあって北海道のような遠隔地ではさらに深刻です。雑誌やコミックの発売日が首都圏地域の書店に比べて3日も遅れてしまうことは、読者がネットで本を入手できる現代において致命的な欠点になっていて、このことが地方の本屋への読者からの信用を日々損ねている事態を出版関係者は真剣に受け止めなければなりません。

した。この解決は第4部で紹介する講談社・小学館・集英社が丸紅と立ち上げたＰｕｂｔｅＸ（パブテックス）に期待したいです。

「なかなか面白い書店チェーンだろう」

「そうだね。第1話の主要書店実績の表3（17ページ）で利益をしっかりと出していたのが、この書店だったんだね」

「このお店は書店だけではなく、文具や飲食を含めた4つの車輪がそれぞれ相乗効果で来店動機を作り、人材を大切にして育て、自社物件での出店で賃借料をなくしてランニングコストを下げて利益を出す、見事な経営をしてるよね」

「僕も本屋の未来にも少しは希望が持ててきた気がするよ」

# 第10話
# エンジニア書店員が起こした書店革命

「ここまでは地方の元気なチェーンの話を聞いてきたけど、今度は個別のお店の話だよ。各地の書店の売り上げが厳しくて前年割れを起こしている中、継続的に売り上げを伸ばしている書店があるんだ」

「それって凄いことじゃない」

「京都駅八条口にあるふたば書房八条口店。50坪ほどのこの店の売り上げが怖いほどに伸びているんだ。販売実績は**表4**の通りだけど、見て分かるように前年比で2桁増の売り上げ実績で業界平均を大きく上回っている。先に断っておくけど、新幹線駅の店舗なので人流の伸びが大きく、前年10月に行われた全面改装もあって、業績の良さはそれが追い風になっていることは差し引いておかなければならない。その上でもこの店の取り組みは他の本屋でも参考になるよ。この店は、この後の第23話で出てくる津嶋栄さんがふたば書房からの委託を受けて、運営受託し、ここで紹介する本庄さんが現場で改革を進めてきたんだ」

「どんな人なの？」

「本庄将之さんは電子工学出身で名古屋に住み、出版業界に入る以前は電子回路の設計者として働いていた。書店人としては数少ない回路図が読める人だ。それが何の役に立つのか分からないけれど、本庄さんは本屋で『**販売を科学**』していたよ。その彼が取り組んだことは3つある」

「販売を科学する？　取り組んだ3つ？」

# 本屋で一番楽しいのは仕入れと陳列です

**プロフェッショナル書店ディレクター**　本庄将之（ほんじょうまさゆき）

——この店で取り組んだ特徴的な話を聞かせてください。

**本庄**　私の書店運営方針は大きく分けて3つあります。

**1．現場がやりたいことをやらせる**

担当以外に好きに使って良い棚を作り、持ち回りで使える自由棚を作りました。それぞれの担当の施策についても、仕掛ける商品の選定はスタッフの意見を取り入れ、仕

## 表4　ふたば書房八条口店伸び率

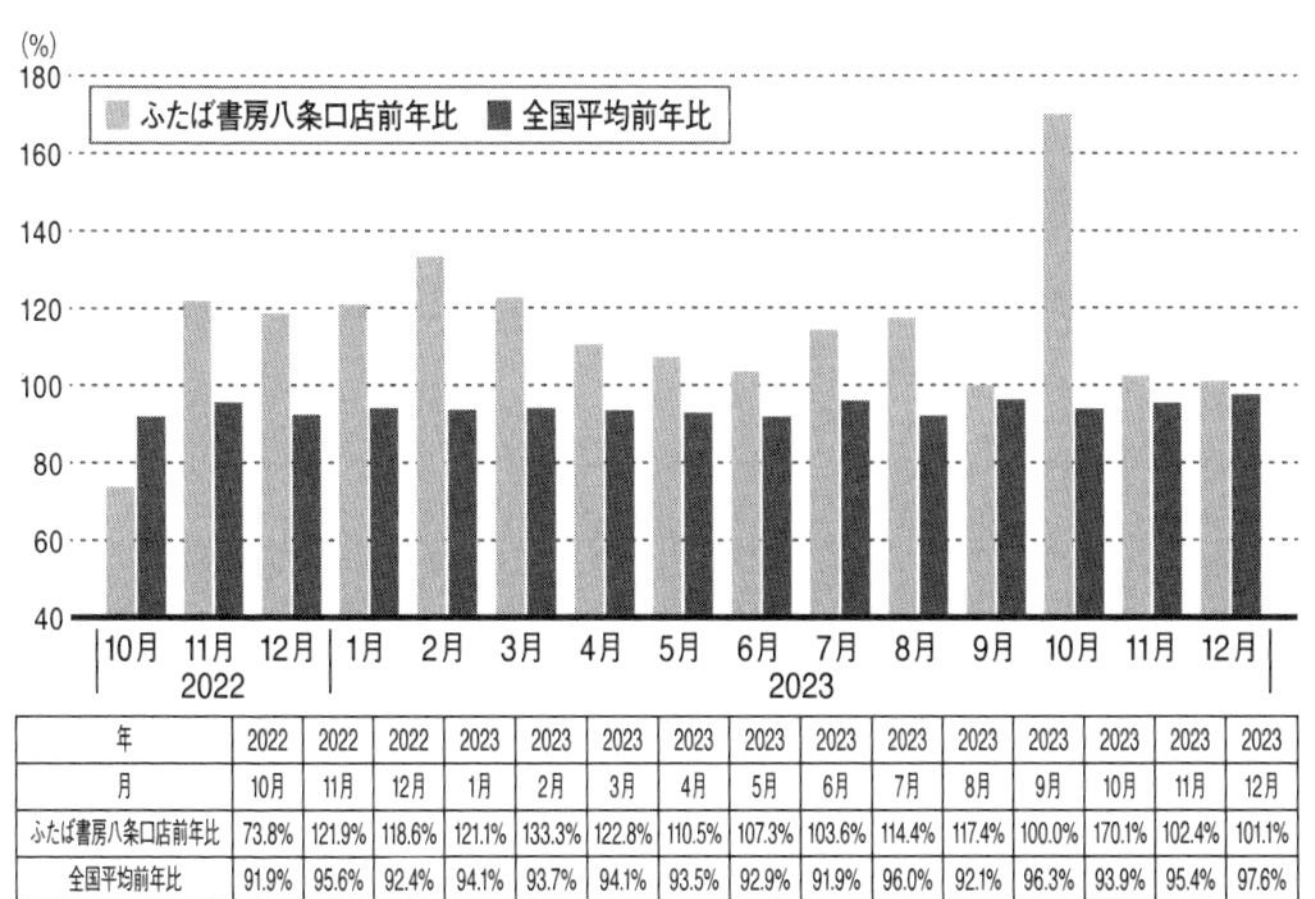


| 年 | 2022 | 2022 | 2022 | 2023 | 2023 | 2023 | 2023 | 2023 | 2023 | 2023 | 2023 | 2023 | 2023 | 2023 | 2023 |
|---|---|---|---|---|---|---|---|---|---|---|---|---|---|---|---|
| 月 | 10月 | 11月 | 12月 | 1月 | 2月 | 3月 | 4月 | 5月 | 6月 | 7月 | 8月 | 9月 | 10月 | 11月 | 12月 |
| ふたば書房八条口店前年比 | 73.8% | 121.9% | 118.6% | 121.1% | 133.3% | 122.8% | 110.5% | 107.3% | 103.6% | 114.4% | 117.4% | 100.0% | 170.1% | 102.4% | 101.1% |
| 全国平均前年比 | 91.9% | 95.6% | 92.4% | 94.1% | 93.7% | 94.1% | 93.5% | 92.9% | 91.9% | 96.0% | 92.1% | 96.3% | 93.9% | 95.4% | 97.6% |

※1:2022年10月は改装。実働20日間
※2:1300軒POSデータによる（日販HP参照）
※3:対象は書籍・雑誌・開発品。雑貨は除く
※4:2023年10月のふたば書房八条口店の伸び率は前年同月改装期のため170%伸び率

表作成：村上健志氏

入れにかかる予算だけでなく、装飾などの予算も考慮せずに意見を出してもらう。そうすると、現場から様々なアイデアも出てくるようになりました。

### 2. 数字で分析する

損益分岐点売上高を意識させました。ジャンル別の目標売上高を設定・計画し、実行し、確認し、修正するＰＤＣＡサイクルを回すことを意識させました。その上で売り上げ占有と在庫占有を意識させ商品回転率を上げる工夫をしました。

適正在庫を持つためのデータは、取次や出版社での職歴を持つ村上健志さんが様々な数値を分析加工するほか、日販が提供する非稼働銘柄データからも抽出する。こうして、これまでの勘と経験と度胸の在庫管理からデータに基づく在庫管理に転換させました。２０２４年３月時点でふたば書房八条口店の商品回転率は5回転（書店業界の平均は2・5回転）と他店と比べて2倍もの効率的な販売をしています。

### 3．商品の銘柄管理を現場に委ねた

ふたば書房はチェーン店としては元々稀有なほどに現場に裁量を任せている書店です。そんな風土があったからこそ、「現場に裁量を委ねる品揃え」を実現できました。本屋で一番楽しいのは仕入れと陳列です。その楽しさをMAXにして現場のやる気を引き出しました。

――データ重視の本庄さんが、ほかにも欲しいデータはありますか？

**本庄**　私が一番欲しいデータは『顧客分析データ』です。固定客・観光客・ビジネス客の割合が分かれば、それに沿った品揃えができます。しかしながら、今の出版界にはそんなデータはありません。

――売り上げに苦しむ書店仲間へのメッセージをお願いします。

**本庄**　お客様にとって本屋は無条件に信頼の場なのだと思います。しかしながら、お客様の情報入手の手段が多様化した今、信頼の場と言うだけでは立ちいかなくなりま

した。それが今の本屋を取り巻く環境です。だから本屋も小売りであることを忘れずに、価格設定や買い切り仕入れに挑戦しなければ未来はありません。私は本好きの書店員さんが選書した書棚が、お客様と書店員が本を通じて無言の会話をするような本の売り場になり、大きな実績に繋がる例を見てきました。書店員の本好きは伝播して、その想いは伝わり、お客様の喜びにもなると信じています。

## 小島の解説

本庄さんとは津嶋さんの紹介で、ふたば書房八条口店プロジェクトで知り合うのですが、彼がこの店で取り組んだ3つの事はどこの書店でも実践できることです。これが書店でも成果が出せるＤＸの一つだと思います。

彼のご父君粂野徳明さんは名古屋の老舗星野書店や、いまじん白揚などで長く活躍された方で、本庄さんは幼心にご父君を「かっこいい！」と思って育ったそうです。そんな背景もあっていろんな経緯を経て書店での仕事するようになったそうです。

本庄さんは、このお店で雑貨の仕事もしていましたが、他業界の経験も長いので買い切り品に何の抵抗もありませんでした。京都のお寺が作ったヴィーガンカレー１６２０円（税込）も積極的に仕入れてこれまでに３５５個も売り上げています。書店で買い切り品が売れるか否かは店舗ではなくて、担当者の意気込みや意識に左右されることを証明しています。

「顧客分析データ」は第11話で紹介する長崎書店の長﨑健一社長も同様な希望をお持ちでした。地域の本屋が品揃えに特徴を出すためには不可欠なデータです。大量データ分析が得意な企業での今後の開発が待たれます。

「聡くん。本庄さんの話をどう聞いた?」

「面白い経歴の人だね。だけど、こんな変わった人こそが低迷する出版界を切り拓くのかもしれないね。販売を科学する本庄さんや数値分析する村上さんが他でも活躍できたら良いのにね」

「それが面白いことに本庄さんのご縁が広がって第21話で話を聞く広島の佐藤友則さんが2024年5月に広島県庄原市で作る新たな本屋(ほなび)で働き始めることになったんだ。この二人がどんな店を作るのかは業界の注目だし、叔父さんも楽しみで仕方ない」

# 第11話
# 本屋が目指すリージョナルマーケット

「叔父さん。沢山の本屋を紹介してもらっているけれど、一番好きな本屋ってどこ?」

「それは、熊本市上通の長崎書店だね」

「意外な答えだね。それは、どんな本屋で社長はどんな人なの?」

「少し長くなるけれど、説明するね。長崎健一さんは物静かな信念の人です。2001年、長崎さんは家業である長崎書店を継ぐために青山学院大学をやめて故郷の熊本市上通にある老舗書店を継ぐことになったんだ。せっかく帰ってきたのだから新たな本屋の形を作ろうと奔走するけれど、父親である先代の意向や一部の古参社員の抵抗にあって改革が進まなかったそうだ。そんな時に福岡のブックスキューブリック大井実さん(第12話で紹介)と出会い、自らの方向性を見定めて2006年に店舗の全面リニューアルに踏み切るんだ。

2014年には、その昔には森鷗外も通ったという一時期休業していた、『長崎次郎書店』を復興させるなどもしているんだ。2016年に熊本地震が起きるのだけれど、リニューアルしていた長崎書店は耐震性もあって被害は浅く、近隣の店舗が閉店している間も営業を続けることができて、本好きのお客様にも喜ばれて売り上げを伸ばすことができたそうだ」

## こうすれば個人書店は生き残れる

長崎書店代表取締役　長崎健一

――この店の特徴を教えてください。

**長崎**　ブックスキューブリック大井さんのお店を参考にした内装や照明はセンスあるものにしています。もちろん書籍も、文芸書はもちろんコミックから人文書や美術書まで工夫した幅広い品揃えが自慢です。1階は店舗とギャラリーで、このギャラリーでは展示販売はもちろん、近隣の芸術専門学校の卒業作品展示会までやっています。2階はテナントにして家賃収入を得、3階はイベントホールにして様々なイベントに活用しています。

――書店を取り巻くここ数年の変化について聞かせてください。

**長崎**　業界全体の売り上げが下がっている一方で、固定費である光熱費や人件費の上昇に電子決済手数料の負担などは増えるばかりで状況はますます厳しくなっています。そのような状況下ですが、熊本地震で近隣店舗が休業した時やコロナ禍の巣ごもり需要の時はもちろん、地元クリエーターたちとのコラボ企画時には大いに売り上げを伸ばしています。

――興味深い取り組みですね。

**長崎**　ただ、私がショックを受けたのは東京の代々木上原で長年頑張ってきた「幸福書房」が閉店したことです。あれほど、無駄なく真摯に本屋の仕事に取り組んできた「幸福書房」の閉店は正直に言って堪(こた)えました。もしかしたら「幸福書房」は書店業界最後の危機を知らせるカナリアだったのかもしれません。

――そうでしたか。日頃はどんなことに注力されていますか?

**長崎**　昨今は厳しい状況もありますが、「**普段使いできて発見のある本屋**」として、作家との企画展や地元のクリエーターと共に歩みを進めるなどして存在感のある熊本の本屋としてお店を守り続けています。誰でも熊本に行った時は熊本市中心部の上通にある長崎書店に寄ってみたいと思われる店舗を目指しています。

――本好きなら一度は、長崎書店の棚で品揃えを堪能してほしいお店ですよね。ここには本を選ぶ楽しさが待っているから。

**長崎**　ありがとうございます。長崎書店はそんな本屋を目指しています。

## 小島の解説

長崎さんの考え方には、学ぶところが多いが、「出版社や取次のマーケットインと本屋のマーケットインは異なる」話は出版界の全員が傾聴に値する話だと思います。「取次の提唱するマーケットインの発想も分かりますが、それは銘柄を軸に考えるマスの捉え方です。私が考えるマーケットインとは少し違います。地域の本屋にとってのマーケットとは『地域の生活』だと思うのです。つまり一人のお客様が買った中身に学びが多いのです。どんな客層のお客様が何と何を一緒に買ったのかの情報がほしいんです」

この手法はマーケティングを学んだ方なら誰でも知っている「ビールとオムツは同時購買が多いので、並列して売ってみたところ大いに売り上げが伸びた」の逸話と同じものですが、出版界でこんな発想を持っている人を私は長崎さんと第10話で出てきた本庄さんのほかに知りません。

購買情報をデータマイニングしてバスケット分析した上でクロスセル（同時購入）やアップセル（客単価向上）に繋げる発想は、出版界でも早急に求められている気がします。長崎さんの発想を出版界全体で検討することは、ないでしょうか？　大手出版社と大手商社が出版流通改善のために始めているＰｕｂｔｅＸ（パブテックス）でこの手法を研究・検討される価値はないでしょうか。


「聡くん。長崎さんの話をどう聞いた？」

「本屋への就職を決める前に必ず寄ってみたい本屋だね」

「それなら、叔父さんが紹介するから長崎さんにも会って話を聞いてきなさい」

「どんな話が聞けるの？」

「彼の経営手法の凄さだよ」

「何それ？」

「彼は経営の多角化を進めているが、書店業での黒字化にも拘（こだわ）っているんだ。だから、書店部門の収益シートを従業員と共有している。そこには売り上げも経費も書かれていて、どうしたら黒字化するのかを長崎社長はもちろん従業員全員が考えるそうだ」

「経営状態をみんなが理解している透明性の高い経営なんだね」

「そこには管理会計の考え方が導入されていて、外注費の削減を考えて清掃業務を自分たちでやるように変更したそうだ」

「まあ、それぐらいやるだろう」

「いや、そこからが凄いんだ。清掃のクオリティーを下げないために、まず清掃のプロを呼んで清掃の基本を全員で学び、プロの道具も購入し、毎朝社長自ら率先してプロクオリティーの清掃を行って収益改善に繋げている。そして人件費は粗利の半分を目安にして配分して従業員のやる気を引き出している」

「ラグビーチームじゃないけれど、ＯＮＥ　ＴＥＡＭって感じが伝わってくるね」

「長崎書店は、書店業界がクラッシュする２０２８年以降も生き残る数少ない地方の本屋の一つだと思う」

# 第12話
# 独立系書店先駆者（パイオニア）の商売手法を拝見

「聡くん、続いて独立系書店の話。最近各地でできている独立系書店って聞いたことはある？」

「あるよ。小さな書店ながら個性的な品揃えやミニイベントなどを開催している、ちょっと変わった書店だよね。都内ではかなりできているらしい」

「その独立系書店の草分けと言っても過言ではない人を紹介しよう、もちろんできては、すぐに消えてゆく凡百の独立系書店とは言うまでもなく一線を画しているよ」

「一体、どんな人だろう？」

「本とロックとラグビーが大好きな大井さんは、『右手にソロバン、左手に論語』のしたたかさを持った人なんだ。詳しくは彼の※著作を読むと良いけれど変わった経歴の持ち主だよ。福岡屈指の進学校でラグビー強豪校でもある福岡高校でラグビー部キャプテンを務めて、同志社大学に進み、バブル景気の真っ最中に社会人になり、森英恵の財団法人を経てイタリアに渡り、ミラノで野外彫刻展の開催にも携わったそうだ。帰国して大阪のギャラリーで働き、帰省した時に出会った建築士で高校の同級生の方と結婚する」

「それだけでも面白い経歴だね。どこで本屋と繫がるのかな？」

「大井さんは福岡では独立志向を持ちながら、本屋（積文館）でのアルバイトを始めて本屋修業に浸るんだ。ある日、福岡の高級住宅街である赤坂のけやき通りに物件（15坪）を見つけて、この物件をそれまでの貯金と借り入れしたお金で購入し、2001年に本屋をオープンする。2001年に開店した店の名前は『ブックスキューブリック』と言うのだけれど、聡くんは、この店名で何を想起できたかな？」

「映画監督と関係ある？」

「それでは、大井さんの話を聞いてみよう」

## 本屋は人と人を繫ぐ場でもある

ブックスキューブリック代表取締役　大井　実

——赤坂のお店のオシャレなデザインと選書について聞かせてください。

**大井**　この店のデザインはインテリアデザイナーでもある家内が設計したもので、本はすべて私が選書しています。ちなみにこの物件を賃貸にせず自社物件にしたことも店舗の収益向上に大きく影響しています。

――「ブックオカ」と2店舗目の箱崎店について聞かせてください。

**大井**　ブックオカは、2006年に「総合ブックフェスティバル」として立ち上げて、けやき通りの延べ800mにもわたって希望者にブースを出店してもらい、毎年多くの方に来て頂いています。

2008年には2店舗目となる箱崎店をオープンしました。ここは1階の店舗には私が地元紙に書評で紹介した本も並べています。2階はカフェになっていてギャラリーにもなっています。ほかにも『ほん屋のぱん屋』というパンの製造販売も行っています。もちろん、ネットショップも持っていて様々な商材を売っています。

――お店で開催されているイベントについても聞かせてください。

**大井**　本屋が持っている潜在的な能力を最大限活かして作家のトークイベントを定期的に行っています。お陰様でブックスキューブリック箱崎店のファンになってもらっている作家は多く、誰もが知る有名作家もたびたび来てくださいます。このトークイベントを有料化して、これも店舗の収益にしています。こんなイベントができる本屋が全国各地にあったら、作家も読者も喜び本屋にも活気が戻るでしょうね。

——取次への要望を聞かせてください。

**大井**　出版社への正味交渉のイニシアティブを取ってほしい。書店への正味は売上高だけではなくて、返品率も考慮して決められないか？　買い切る本と返品できる委託本の正味を変えてほしい。ほかには返品率の高低によってインセンティブを決めておき、年に一度交渉で正味を決めることはできませんか？　そうすれば書店も出版社も真剣に返品率改善に取り組むことは間違いないですよ。

——ほかにはありますか？

**大井**　取次さんには、棚で静かに売れているロングセラーの情報や、これまでの履歴から推測される発注漏れの警告もしてもらって、店舗からの発注の簡便化のサポートをお願いしたい。外商では画一的な商品ではなく、店舗のカラーに合わせた商品をおすすめしてほしい。

——出版社への要望も聞かせてください。

**大井**　新刊の事前注文を受け付けない大手出版社があって困っています。それと出版社は過去に出した出版物はストックの財産なのだから、これらを様々な形でもっと世に出して、読者との出合いの機会を作ってほしい。

――最後に本屋仲間へのメッセージをお願いします。

**大井**　これからは本屋が文化サロンの主宰者になり、作家トークショーのファシリテーターにもなって、作家が新刊を出した時の全国ツアーの受け皿になっていけば良い。本屋が人と人を繋ぐ場となって、お金にもする。従来のやり方を抜け出して新たな本屋の形を創ろう！

## 小島の解説

大井さんに、昨今の独立系書店についても聞いてみると「雑誌も書籍も扱うフルスペックの書店が増えてくるといいと思っています。一部の出版社しか扱っていない本の卸とだけ取引をして書店を始めるのはお勧めしません」と語ってくれたが、残念ながらフルスペック書店への参入障壁は高い。

書店を始めようとする人が、トーハンや日販などの取次との取引口座を開設するには、連帯保証人3人のほかに信任金が予想月商の2か月分も求められる。これは取次の売掛金回収リスクヘッジのためにこんな契約になっていますが、見直しの時期に来ています。

取次から本屋への売掛金は、平均で月商の2か月ほどになりますが、本屋の商品回転率は年間で3回転しかないので逆算すると月商の4か月分の在庫が店舗にはあります。その在庫について取次は「占有改定」という契約で万一の時も優先して店舗在庫を自社の売掛金回収に充当できるようにしているのでリスクヘッジはできています。

最近は、金融機関も求めない3人もの連帯保証人や占有改定に加えての信任金は過剰担保になっていないでしょうか？　取次には若い人の書店への参入障壁を下げて業界の活性化の後押しをしてほしいと願うばかりです。

「聡くん。大井さんの話をどう聞いた？」

「こんなにも面白い人が本屋にもいるんだね。ほかにも面白い話は、なかった？」

「そうだな。大井さんは行政に依頼されて婚活パーティーを本屋でもやっている」

「何それ？」

「適齢期の独身男女数名を集めて、各自が好きな本を持ってきて話すだけのイベントなのだけれど、読書会で親しくなって好きな本で共感し合うって、お互いの深い部分で繋がるって事だから、カップルの成立は60％にもなるそうだ」

「ホント？　もの凄い成約率だね。もう合コンとか出会い系のマッチングアプリとか使っている場合じゃないね」

「本が持っている可能性は、出版界の人たちが思っている以上のものがあることを大井さんは教えてくれているよ」

「若くて意欲がある人が参入しやすい出版界になってゆくと良いね」

※『ローカルブックストアである福岡ブックスキューブリック』大井実・著　晶文社

# 第13話 トレカ、リユースは本屋の救世主になるのか？

「叔父さん。長崎健一さんの長崎書店も大井さんのブックスキューブリックも個性的で素敵な本屋さんだけれど、ここまで大転換せずに成果を出している本屋はないのかな？」

「あるよ。今度はそんなお店を紹介するね」

「楽しみです」

## 根本問題解決の光が見えない

——簡単に自己紹介をしてくださいますか？

齊藤（仮名）

**齊藤**　九州で本屋を営んでいる齊藤（仮名）と申します。大学を出た後に年商6000億のＩＴ企業の管理部門で仕事をした後に、実家の本屋が経営危機に陥り、これを救うべく九州に戻る決断をしましたが、給料は3分の1になりました。

――書店の経営再建で最初にどんなことから取り組みましたか？

**齊藤**　私が最初に取り組んだのはキャッシュと**利益を混同する経営からの脱却**です。

――それは、どういう意味ですか？

**齊藤**　ご承知のように本屋特有の事情で、店頭の在庫商品は仕入先の取次に原価で返品できるので、本屋仲間からしばしば、こんな会話が出ます。「今月は在庫を減らしたから取次からの請求も減って、利益が出た」。これは間違いですよね。

――そうですね。私もしばしば聞かされますね。私も、こんな話を聞くと『この人は本屋経営が分かっていない』と断じます。販売価格も仕入原価も不変の本屋で、在庫増減は利益とは全く無関係なことは明白なのですけどね。返品して在庫が減れば請求が減るけれど、利益は増えない。本屋経営の不振の原因は様々あるけれど、街の本屋の経営者が経営の構造を全く理解していないこともその一つにあると思いますね。

**斎藤**　そこで、経営再建にあたって最初に在庫を充実させ増売することから始めました。その上で商品回転率を考えて回転率が高い文具やトレーディングカードを導入してゆき、利益を出すようにしました。

――書店経営再建の王道と言って良いですね。それから何に取り組まれましたか？

**齊藤**　ありがとうございます。短期的な商品政策を終えた後に、将来を見据えて違う業態として粗利の大きいリユース商品のフランチャイジーになって利益を確保するようにしました。今は、本屋とリユース商品店をそれぞれ複数店舗展開していますが、リユース商品店の最大の課題は『店長次第で売り上げも利益も大きく変わる』ことです。

――どんな業種も人次第ってことですね。本屋では店舗販売以外にも外商に取り組まれているそうですが、その話も聞かせてください。

**齊藤**　地場の本屋ですから店舗以外の本の売り上げもあります。それが学校教科書の売り上げや図書館の売り上げです。私の店は人口が増えている地域にあり、小中高の40校に納品をしていて、その売り上げは大きいのですが、デジタル教科書の導入が本格化する2028年頃に、教科書の売り上げは、どうなっているのだろうかと心配しております。

――デジタル教科書問題は書店経営の根幹に関わりますからね。

**齊藤**　２０２８年は、瀬戸際に追いつめられた地域の本屋の最後の砦を失う年になるのかもしれませんね。

――本当に厳しい状況になってきましたね。最後に出版界全体で取り組んでもらいたいことをお聞かせください。

**齊藤**　**お客様からの注文品の納品日が以前よりも遅くなっています。**取次さんの通常ルートで注文した時に、取次に在庫がなく出版社の在庫から出荷される時は店頭に届くのに2週間もかかることもよく起きる。取次さんの客注専用サイトを使って出荷コストを書店が負担する方法もある。これは、トレーサビリティーもあって便利で以前は3日から4日で届いていたが、今は5日から6日もかかるようになり物流が退歩している。Ａｍａｚｏｎがクリック一つで翌日にお客様のお手元に本が届く時代に、これじゃあお客様は本屋から離れていくばかりです。

――なるほど、ほかにはありますか?

**齊藤**　もう一つは、**新刊の予約**ができにくいことです。取次さんも、新刊予約システムの取り組みを始めてくれてはいますが、予約締め切りが早すぎるし、予約ができる本の点数も少ない。本屋はお客様が発売日近くになってご注文いただいても対応できません。この仕組みでは読者の満足には、ほど遠いんです。Ａｍａｚｏｎは多くの本で新刊の事前予約ができるのに、本屋ではなぜできないのでしょうかね？

## 小島の解説

30年以上前のことですが、出版界の生き証人である川上賢一（地方・小出版流通センター）さんから「書店は業態開発をサボってきたからね」と言われたことを思い出します。その当時は何を言われているのか全く分かりませんでしたが、今なら良く分かります。『茹でガエル』という言葉があります。水の中にいるカエルは徐々にその水の温度を上げられても気付くことはなく、気付いた時は手遅れだったという寓話ですが、出版界はこの茹でガエル状態にあります。

齊藤さんが最後に指摘したことは、日頃から読者と接する本屋としては至極当然の要求ですが、基本的には30年前から変わらない構図です。

トレカ（トレーディングカード）もリユース商材もガチャガチャも利益を生むでしょうが、今の出版界に求められている事は、本屋が店舗で本を扱って読者の期待に応えることができて正当な利益を得て、商売を継続することができる日常です。

齊藤さんは「本の売り上げが回復しない根本問題は解決の光が見えないが、踏ん張る。それまでは、本以外の商材やビジネスで利益を出して本屋を守ってゆく」と言ってくれましたが、地方の本屋に残された時間は極めて少ない。


「聡くん。齊藤さんの話をどう聞いた？」

「もの凄い勢いで川を下っているような本屋が奈落の底に落ちる2028年という大きな滝に向かっている感じを受けたよ」

「そんな事態を避けるために、この後の第3部で出版界の三大課題である『正味・物流・教育（研修）』について話を聞き、第4部で識者たちから『生き残る本屋の道』としての提言をもらうようにしている」

「期待して話を聞くよ」

## 第2部まとめ

# 書店が生まれ変わるための鍵は何なのか？

「叔父さん、これまで厳しい現状にある書店と工夫して生き残りに賭けている書店を見てきたけど、これからの書店は、どうすれば良いのかな？」

「構造的な利益の少なさについては『正味』の問題として話をしているけれど、書店の経営を圧迫する経費のことにも改めて触れておくね。書店の経費で大きな割合を占めているのは、①人件費②家賃③水道光熱費④電子決済手数料」

「どれも上昇中の項目だね」

「そして、どれも驚くほど上がっている。そして、どの項目もこれからも上がるから、書店はますます厳しい状況に追い込まれてゆく」

「多角化は？」

「多角化の取り組みは全く物足りない。第1話で話をしたように、書店が本以外の商品を扱うのは主に取次が紹介したものが多い。生き残りのためには第8話で洞本さんが話してくれたように独自で仕入先を見つけることが大切だと思うよ」

「なぜ、書店にはそれができないの？」

「それは、価格競争のない再販制度と仕入れが失敗しても取次に仕入原価で返品できる委託制度で長年商売をしてきたから、自分で値付けすることも目利きを活かしてリスクを取って仕入れする機能も衰退しているからだと思うなあ。まとめると、①新刊も含めた自主仕入れ能力を向上させる。②新たな商材を開拓して消費者の要望に応える品揃えにする。③買い切り本（正味が良いものだけが対象）はもちろん、買い切りが当然の一般商材の扱いを始める」

「これができないなら書店は小売店として、なかなかの重症だね。じゃあ、叔父さんはいつも『私は経営危機の明屋(はるや)書店を再生させた』と自慢するけど、具体的には何をしてきたの？」

「一人もリストラせずに書店再生を果たしたのだけれど、当然ながら徹底した無駄作業の排除で時短勤務制度も作り、現場の生産性を上げることに最大限注力したよ。そのほかには本の仕入れには本部は介入せずに現場が自由に本を仕入れることをしたりしたけど、一番の特徴は現場のモチベーションを上げることを大切にしたんだ」

「それって何？」

「いろいろと、あるけれど社員を大切にした。定期的に行った店長会議で社長の僕は店長たちに自己啓発系の研修をずっとしていた」

「それで、店長たちには何が起きたの？」

「自分たちは会社に大切にされていると実感して、モチベーションを向上させたんだ。ほかにも社員ががんになった時の『がん患者の就労支援』や地域の『児童養護施設への本の寄贈』なんかもしていたよ。そんなことを継続している書店チェーンがあるかな？」

「もっと、詳しく聞きたい」

「それは、叔父さんが書いた『会社を潰すな』（PHP文庫）を読めば書いてある」

「またか！」

「最後に、工夫して利益を上げている地方書店の実例を紹介するね。その地方には、地元CATVが運営する携帯会社ショップがあり、その携帯ショップを書店の一角に誘致したんだ。そうして賃貸料はもちろん、携帯電話が成約するごとにバックマージンをもらう契約にしたんだ。このほかに郊外型書店の駐車場にキッチンカーを誘致して使用料として1日数千円をもらう契約も数十社としている」

「なかなか凄いじゃない」

「ほかにも、新規ビジネスを異業種交流会で見つけて、児童養護施設にいる子どもを紹介され、才能を見出して絵画をポストカードにして、さらにトートバッグにまでして販売している。その子の原画展が話題を呼び東急ハンズではカプセルやキーホルダーになりブランドタオルでも使われ、パラアーチストとして活躍するようになったそうだ。ほかにも詩を書く子やイラストを描く子の作品は地元の和紙でブックカバーにして販売している」

「立派にイノベーションを興しているね」

「凄いのがこれらを書店の一担当者が自分の才覚で行っていることなんだ。本屋にはビジネスチャンスがまだまだ眠っていると思うよ」


書店を応援したい気持ちを持つ作家諸氏や出版社にお伝えしたいのは「サイン会」などはやめておきなさいということです。サイン会は賑やかしになっても手間がかかるばかりで書店の儲けは少ないのです。最近は独立系書店を中心にイベントをされる書店さんも増えてきましたが、街の本屋にはハードルが高いようです。それでは、どうすれば利益の出るイベントを街の本屋でも実行に移せるのかを詳述します。言うまでもなく、このプランついての巧拙の責任は小島にあります。

## 書店を応援する著者をプロデュースする書店ビジネス

以下の方法で、各地の書店が著者講演会のプロモーターになることを提案しています。文芸作家のみならず、話題のビジネス書を出している著者は集客力が見込めます。

著者講演会は、出版界に残された利益のラストリゾートです。書店新事業の提案です。

## プランA——有名作家の場合

①著者講演会を書店が主催する。
②講演会の会場は最小でも500人以上1000人程度のキャパがある場所を選び、集客する。
③著者は新刊や近刊を中心としたテーマで講演し、本には著者の落款印を押す。もし、可能であればサインもする。
④書店は入場料に本の代金を含んで、入場料を設定する。
⑤書店は、入場者数と同数の本を出版社から70％掛けで直接買い取る。
⑥出版社は書店からの打診を受け、著者に講演会の了解を取る。書店には本を70％で販売し、会場に配送する。
⑦書店は、講演会告知費用・会場設営費（会場スタッフ代を含む）と著者交通費・宿泊費を負担する。著者には印税が収入となる。
⑧書店は、可能であれば、地元メディア（地元新聞社が最適）への独占取材を条件にして共催か後援を依頼する。ほかにも地元金融機関及び地元有力企業へ協賛金を

依頼する。

**収益シミュレーション1／集客178人の場合**

・入場料5500円（税込）・客数178人・書籍単価1500円で設定した場合。
・売上高89万円（5000円×178人＝89万円）
・会場費30万円・スタッフ費用20万円・告知費用10万円・著者交通費＋宿泊費10万円
・書籍代金18・7万円（1500円×178冊×70％）
・経費計88・7万円（集客178人が採算分岐点）

**収益シミュレーション2／集客500人の場合**

・売上高　250万円
・経費計　122・5万円（会場費などの固定費は70万円。書籍代は52・5万円）収益は127・5万円＋協賛金になります。

**オプション**

プレミアムチケットを3万円もしくは5万円で10人限定にして販売する。

この特典は、

表5　著者講演会フロー図・プランAの場合（※プランBは通常ルートでの仕入れ）

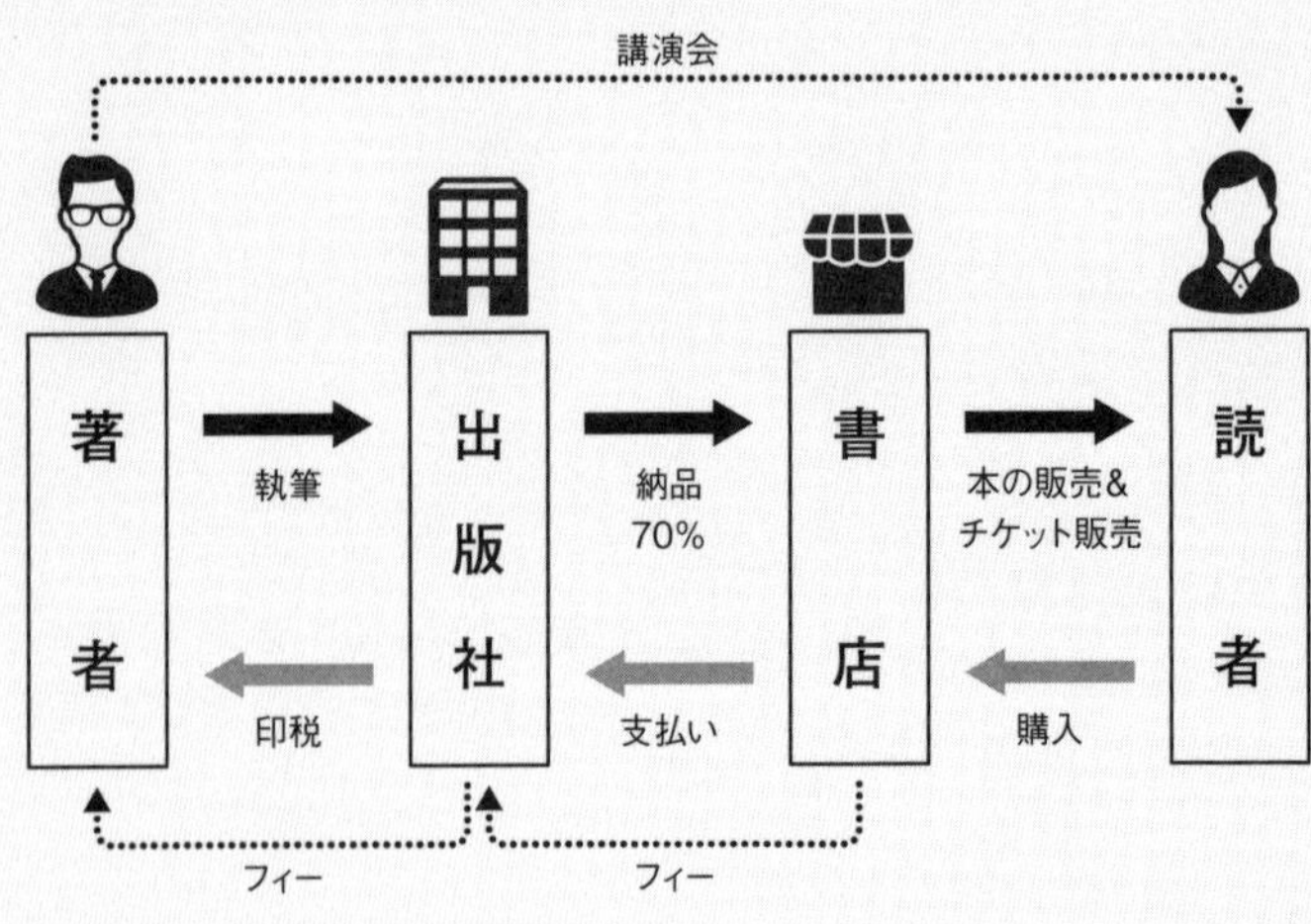


出典：著者作成

①著者の控室で著者とツーショット写真並びに為書き（読者の名前付き）のサイン本。

②著者との昼食会（3万円）か夕食会（5万円）に同席して話ができる権利。

収益シミュレーション（3万円会費の読者10人参加・昼食代実費一人1万円）

（著者、書店主催者と協賛企業計で5人までを無料招待）

売上高は3万×10人＝30万円

経費1万円×15人＝15万円

収益は15万円

書店はプライスレスの価値を読者に提供することが出来るのです。

課題は集客だけです。書店は地域の信頼を得ています。あなたの地域で500人から1000人の会場はありませんか？　書店人なら思いつく、あの有名文芸作家や人気のビジネス書作家や料理書を出しているタレントさんなら、最低500人から1000人の集客は見込めませんか？　出版社も著者も書店を応援しようとしています。そのポジションを活かしてビジネスを始めませんか？　無論、この取り組みを取次が新ビジネスとして取引先書店と組んで始めることもできますが、書店が主体となってリスクも利益も引き受ける覚悟がなければ、現下の書店の窮状から抜け出すことはできません。

私は、この方法を全国の書店の新たなビジネスとして広げようと思っています。興味を持たれた書店さんはないでしょうか？　具体的に話を進めてゆきませんか？　お手伝いします。

## プランB——著名でない著者の場合

①著者講演会を書店が主催する。
②講演会の会場は60人以上100人程度のキャパがある場所を選び、集客する。
③著者は新刊本をテーマにして講演し、本には著者のサインと落款印を押す。
④書店は入場料3300円で入場料を設定する。
⑤書店は、著作を取次から通常仕入し、会場販売するが必須ではない。

⑥出版社は書店からの打診を受け、著者に講演会の了解を取る。
⑦書店は、会場費と著者講演会フィーの一律13万円（税別・交通費と宿泊費含む）を負担する。

**収益シミュレーション**

入場料３３００円（税込）客数60人で想定した場合。
売上高は３０００円×60人＝18万円
経費は、会場費５万円・著者フィー　13万円＋税
60人の集客が採算分岐点。それ以上の集客があれば、その上乗せ分は書店の収益になります。これにオンラインを加えるハイブリッドにすれば、さらに収益は上がります。

第3部

# 出版界の三大課題は正味・物流・教育

# 第3部プロローグ
# 出版界の教育（研修）不在を憂う

「聡くん、ここで質問です。出版界が抱える三大課題があります。何だと思う？」

「ここまで話を聞いてきたから、一つはすぐに分かる。粗利益不足を解消するための正味（書店への卸値）改善だね。諸物価が高騰しても正味が変わらない現状では、販管費（経費）が粗利益内で収まらないけれど、再販制度があるから値上げもできず書店自身では解決できない構造的な課題があること。ほかは？」

「あとの二つは、物流と教育（研修）不在です」

「物流は、課題だろうと想像できるけれど教育（研修）不在って何？」

「叔父さんは、出版界低迷の真の原因は出版社も書店も社員を財産と考えて、その能力を体系的に伸ばす風土がないことにあると思っています」

「出版社だって、書店だって研修くらいやっているでしょう」

「うん、実務のための業務系の研修はやっていても散発的で体系的ではないし、大手出版社の人に聞いても『入社以来研修なんて受けたことがない。仕事は先輩の背中を見て学んだ』とは、しばしば聞くよ」

「それでも良い気がするけどな……」

「その業界が伸びている時はね。これだけ低迷する出版界には今までにないイノベーションが求められているんだ」

「それが、この本の冒頭に書かれたアインシュタインの言葉の意味だね」

「その通り！　詳しくは第19話で研修のプロフェッショナルの話を聞いているけれど、聡くんは『米百俵の精神』って聞いたことはありますか？」

「初めて聞くよ。教えてください」

「幕末維新の戊辰戦争に敗れ窮状に陥った長岡藩に米百俵が見舞いとして贈られてきたそうだ。食べるものにも事欠く藩士たちにとっては、のどから手が出るほど欲しい米だったけれど、長岡藩の小林虎三郎は、この百俵の米を文武両道に必要な書籍、器具の購入にあてるとして売却し、その代金を国漢学校の資金に注ぎ込み、その後、国家を担う人材を輩出していったという話」

「低迷する出版界には示唆に富む話だね。出版界の小林虎三郎は誰だろう？」

「出版界に河合継之助（かわいつぎのすけ）はいても、小林虎三郎は見当たらないからな。救国の士ならぬ、出版界を救う人が待たれるね」

「それじゃあ、物流については？」

「本の物流は、定期定時配送の雑誌配送を軸に作られていて、とても安価で効率的な物流網が全国津々浦々まで張り巡らされている」

「それって、素晴らしいものじゃないの？」

「そうだね。でも随時配送になる書籍もその雑誌の物流に載せる形で送られているから、柔軟性に欠けていたり迅速性も不十分。だから、読者が書店で本を注文しても驚くくらいに時間がかかってしまうんだ」

「出版界が解決しなきゃいけない課題だね」

「第15話で出版配送の現場の方の話も聞いているから、この話もとても参考になるよ」

「問屋である取次自身はどうなの？」

「トーハンの近藤敏貴社長は迅速物流が特徴の『ドイツ型物流』を標榜されているから、当然何かに手を打たれるのだと思う。日販の奥村景二社長は紀伊國屋書店とTSUTAYA書店と合弁で新たに立ち上げた会社は書籍中心になるから、当然ながら従来にない物流網を考えておられると思うよ」

「期待できる構想だから、実現が急がれるね」

# 第14話 大きな再編が進む書店業界の実情

「聡くんは、書店の外商って聞いたことある?」

「いや、初めて聞いたよ。何をしているところなの?」

「そうだよね。聡くんはじめ多くの人が書店の外商部門に接する機会というのはあまりないよね」

「そうだね」

「読者が通常接するのは店舗だけれども、書店にもルートセールスの外商は存在するんだ。その主な販売先は、図書館・大学・企業研究所など様々だよ。昔は街の本屋さんには一般家庭への訪問販売が華やかりし頃があったんだ。昭和の人なら知っている『○○全集』や『○○百科事典』を出版社は競って作っていたよ」

「ふーん。想像もできない」

「今でも外商で活躍している書店の双璧が紀伊國屋書店と丸善雄松堂なんだ。この2社は他の書店とは異なり、外商の主たる取引先は大学の図書館に加えて大学の研究者、企業や公的機関の研究施設で、その売り上げや利益が店舗を凌ぐこともあるんだよ」

「えー、知らなかった！」

「その丸善は2007年にＤＮＰ（大日本印刷）の資本傘下となり、外商部門は雄松堂書店と経営統合し丸善雄松堂となりました。店舗部門はジュンク堂書店と一緒になり丸善ジュンク堂書店になり、それらに出版部門の丸善出版と図書館業務を担う図書館流通センターを加えたグループの持ち株会社として丸善ＣＨＩホールディングスが出来上がったんだ」

「なんだか複雑な経緯があったんだね」

「そんな丸善雄松堂の前身である丸善に入社し外商で20年働いたのが、近藤午郎さん。彼は2021年に丸善ＣＨＩホールディングスを辞め、今は立ち上がったばかりの出版社ブックダムでマーケティング部の部長をしているよ。いつも歯に衣着せぬ発言をする近藤さんに出版界の栄枯盛衰と現状について聞いてみた」

## 国内の賃借書店で黒字化しているところは一店舗もない

ブックダム　マーケティング部長　近藤午郎

――ナショナルチェーンの動向についての見解を聞かせてください。

**近藤**　国内において、賃借店舗での本の販売だけで黒字化しているところは今年（2023年）なくなったと思われます。（紀伊國屋書店は国内店売部門だけの収支を明らかにしていないので、推定するほかないのですが、賃借書店についてのこの主張に著者も同意しています）

紀伊國屋書店は外商と海外店舗での和書販売で利益を出し、丸善ジュンク堂が属する「丸善CHIホールディングス」は紀伊國屋書店同様の外商に加え、公共図書館への書籍販売と指定管理で利益を出しています。

――大型店も国内の店舗部門は赤字ではないかと思っていても、改めて言われると書店を取り巻く環境の厳しさを再認識しますね。

**近藤**　出版社は、この事態を正しく理解しているのでしょうか？　紀伊國屋書店も丸善ジュンク堂も店舗が赤字続きならば、いつまでも店舗を構えた書店という業態は続けられない可能性もあります。そこで業を煮やした紀伊國屋書店とTSUTAYAを展開するカルチュア・コンビニエンス・クラブ（CCC）と日販の3社が新たな会社（株式会社ブックセラーズ&カンパニー）を立ち上げ、出版社に仕入条件の改定を申し込んでいますね（第4話に詳細）。

**――取次については、どう考えていますか？**

**近藤**　取次の経営が厳しい現状も理解しています。昨年度（2022年度）の取次大手2社の取次部門の赤字は日販が30億円、トーハンも10億円もあります。そのために赤字の元凶である返品を減らそうとして仕入規制を行っていますが、これでは売り上げは伸びません。**取次が取り組むのは売上率の改善であって返品量の減少ではない**。しかし、一方で返品コストの大半を取次が負わなければならないような流通システムになっているから、こうした施策が繰り返されるように思います。

## 小島の解説

この近藤さんの取次への指摘に同意される出版社諸氏も多いのではないでしょうか。私には今後の取次には従来型の仕入規制から、過剰返品率の出版社や書店に対して取次が返品コストを請求する負のインセティブ制度も必要に思えます。

目指すべきはすべてのプレイヤーの利益の最大化のはずです。現状の返品コストは出版社にも再出荷のための改装費用がかかりますが、取次は全国の書店から無造作に返ってきた返本の山から出版社別の書名別に整理し直すという気の遠くなるような作業にかかるコストを負っています。

表6　主な関連会社書店名並びに業務提携書店一覧※

| 株式会社トーハン |
|---|
| 「ブックファースト」「アミーゴ書店」 |
| 「明屋書店」「イケヤ文楽館」「金龍堂」 |
| 「八重洲ブックセンター」「山下書店」「住吉書房」 |
| 「文真堂書店」「アバンティーブックセンター」 |
| 「岩瀬書店」「らくだ」「鎌倉文庫」「あおい書店」 |
| 「伊勢治書店」「田辺書店」 |

| 日本出版販売株式会社 |
|---|
| 「TSUTAYAの一部店舗」「リブロ」「BOOKSえみたす」 |
| 「積文館書店」「よむよむ」「オリオン書房」 |
| 「CROS　BOOKS」「ブックセンタークエスト」「文榮堂」 |
| 「あゆみBOOKS」「文禄堂」「パルコブックセンター」 |
| 「多田屋」「miomio」「いまじん白揚」「駿河屋」 |
| 「すばる」「文教堂」「文喫」「箱根本箱」 |

| 大日本印刷グループ |
|---|
| 「丸善」「ジュンク堂書店」「Maruzen&ジュンク堂」 |
| 「戸田書店」の一部の店舗　「丸善雄松堂」「図書館流通センター」 |

| カルチャーコンビニエンスクラブ（TSUTAYA） |
|---|
| 「旭屋書店」 |

| 大垣書店 |
|---|
| 「廣文館」「なにわ書房」「三和書房」「ブックスタマ」 |

| 高沢産業 |
|---|
| 「平安堂」 |

※屋号がわかるかぎり抽出したがすべてを網羅できてはいない

公開情報より著者作成

出版界全体で販売効率を高めることに誰も異論はないですが、その方法として十年一日の如く仕入規制をするという返品改善策ではない、出版流通の抜本的な改革が求められていることだけは間違いありません。

「ジュンク堂、丸善が大日本印刷の関連グループ会社になったことは前述したけれど、トーハンや日販や大手書店などの傘下になった書店が沢山あることを知っているかな?」

「そんなに沢山あるの?」

「書店名を表6（前ページ）にまとめたので見てごらん。きっと驚くと思うよ。これが日本の書店チェーンの実態なんだ」

# 第15話　出版配送トラック荷物の半分は食料品

「ここでは物流問題に話を進めよう。聡くん、出版配送って知ってる？」

「いや、知らない」

「そうだよね。通常では知られることが少ない仕事だからね。でも出版界はこの方々がいてくれるから成り立っているんだ。出版配送の方々がいて日々書店店頭に本を届けてくださるからこそ、読者は本を手に取ることができるんだ」

「そうなのか。出版界で大切な方々なんだね」

「そのドライバーの方々の高齢化に加えて、総残業時間規制の2024年問題が起きていて、出版配送網が危機に瀕していることを多くの人は知らないんだ」

「そんなに大変な状況なんだね」

「話を聞いてゆこう」

## 荷物の半分は食料品を運んでいます

テジマ株式会社代表取締役社長　手嶋宏彰（てじまひろあき）

――「手島運送店グループ社史」を読むと、その80年の歴史は出版配送の歴史そのものであることが分かります。手島運送店グループには、分社化された事業所が東京都、近畿圏、福岡県にあり、手嶋宏彰さんは福岡にあるテジマ株式会社の3代目社長ですね。昨今の出版配送現場の状況を教えてください。

**手嶋**　この20年で出版物を運ぶ物量は減り続けています。売り上げは、下がるが固定経費は変わらないか上昇する状態が続く中に運賃改定をしていただいて、一旦は売り上げが安定しましたが店舗が減り続けていて、また売り上げが減る一方の状況です。

――その運賃体系の見直しが取次の運賃負担増になっていることは想像に難くありませんから、この事態の根本的な解決が必要になりますね。手嶋さんの会社にとって※物流2024年問題※の影響はいかがですか？

**手嶋**　取次さんの配慮もあって配送をしない休配日も増え、総労働時間の抑制をしていますが、2024年から規制される残業時間の月80時間ギリギリで運転手は仕事をしていきます。やはり、今後は出版輸送の大幅な見直しが必要になりますので、人のやり繰りは綱渡りなのが配送現場です。

――出版不況は物流会社にとってどのような影響がありますか。

**手嶋**　運送会社としては、本の物量が減っている中で生き残りを賭けて、他の商材でカバーしようとしています。具体的には書店以外の新たな取引先を開拓していて、食料品配送の仕事の比率が高まり、20年前にその比率は30％程でしたが、今では50％以上にもなっています。

――出版配送トラック荷物の半分が食料品配送なのですか？

**手嶋**　私たちは、書店さんやコンビニエンスストアさんには本だけの配送で、夜中や早朝にお届けしています。それは昼間の道路渋滞回避もあってのことですが、一番の理由はコンビニエンスストアへ雑誌を配送するのに「雑誌発売日協定」の指定日の朝

※「物流2024年問題」ドライバーの総残業時間が2024年から年間で960時間に規制されるように決まっていて、昨今の人手不足の中でこれを守るためには日本の物流の大転換が求められている。出版界でも運賃増など様々な影響が出るが、一般読者にとっての顕著な例としては、2024年春から九州と北海道の雑誌発売日が現状よりもさらに1日遅れるようになる。

までに届けるように決められています。そのためには夜中に配送するほかはありません。ご存じのように出版配送の人手不足は深刻です。その上に出版配送で働く人にそれほど高い給与を支払える訳ではない中で、深夜勤務を強いることをいつまでも続けることはできません。もし、日中の配送が可能になれば出版物と他の取引先の荷物との混載も増やすことができて、併せて出版配送網も継続して守ってゆくことができます。

――取次への要望は？

**手嶋**　以前は、出版物の物量が多い日と少ない日の格差が大きくて非効率でしたが、出版社さんと取次さんの理解と協力で輸送量の平準化に取り組んでもらい感謝しています。運賃体系の見直しも本当に助かっています。要望としては取次の方にも出版輸送の現場に来て頂きたい。２０１６年の熊本地震の後には、取次の方も九州まで来て頂いて現場を見てもらいましたが、その後はありません。取次さんと出版配送は一心同体の側面もあります。出版配送の現場を見てもらい、知恵を出し合えば合理化できることも見つかると思います。そんな出版配送現場の様々な課題について真摯な議論を進めたいと願っています。

## 小島の解説

手嶋さんとは私がトーハン九州支社長の時に出会いました。彼が福岡の修猷館高校の後輩ということもあって、今回も忌憚のない話し合いができました。手嶋さんが持つ危機意識を出版界はどれくらい共有できているだろうか？　休日は趣味のバイクでサーキット場を走る大胆さと慎重さを併せ持つ手嶋さんは、企業を守る経営者として、旧態依然の出版界にいつまで付き合ってくれるのでしょうか？　書店の危機と同様に出版配送現場にも危機が迫っています。

「聡くん。手嶋さんの話をどう聞いた？」

「叔父さんの高校の後輩といってもかなりの後輩でしょう」

「そうだな。叔父さんが卒業する頃に彼は生まれているから、在校時に接点はないのだけど修猷健児は同じように『♪吾等が使命を果たしてん』の気概を持っている」

「外部から見ると変な人たちの集まりにしか見えないよ」

「大きなお世話だ」

「手嶋さんは、生き残りを賭けて様々なことに挑戦しているし、昼間に配送するなんて僕らから見たら当たり前に思えるけれど、それが議論にも上らないことに出版界の古さを感じるよ」

「これが改善できないのも、叔父さんが出版流通の諸悪の根源と思っている「雑誌発売日協定」（詳細は第3部まとめ・176ページ）の存在があるからだよ。コンビニエンスストアには決められた雑誌発売日の朝に届けなければならないこの取り決めが出版物配送改革の大きな障壁になっているんだと思うね」

「雑誌発売日協定を守ろうとする人は『角を矯牛を殺す』人たちなんだね」

「聡くん、うまいことを言いますね。その通りです」

# 第16話
# 疲弊する書店の現場から聞こえる本音

「正味、物流と書店界がかかえる課題が明らかになってきたね。今度は書店店頭に立つ人の話を聞いてみたくない？」

「ぜひ、聞きたい。それも足元の現場と全体を俯瞰して見える人の話が聞きたい」

「それに、最適な人がいるから楽しみにしていて。書店現場は想像以上に厳しい状態だよ」

「どんな人の話が聞けるのだろう？」

「話を聞かせてくれた野坂匡樹さんは20歳で旭屋書店に入社して数店舗を経験して、1999年には旭屋書店ロサンゼルス店のマネージャーとして赴任し3年を過ごし、帰国後は伏見桃山店で店長を務めました。その後は、京都店でマネジメントの仕事に従事して、本店勤務後の2008年に旭屋書店の業績不振からリストラに遭い退職。今はジュンク堂書店難波店の語学書担当として働きながら書店プロデュースのツクヨミプランニングを立ち上げ、本に関わること全般のコンサルティングをしているんだ」

「様々な経験を積んだ人なんだね」

「聡くんは、旭屋書店がTSUTAYAを展開するCCC（カルチュア・コンビニエンス・クラブ）の子会社になっている話を覚えているかな？　このほかにも丸善ジュンク堂はDNP（大日本印刷ホールディングス）の傘下になり、リブロは日販の子会社になり、ブックファーストはトーハンの子会社になっていることも既に話をしたけれど、（詳細は第14話・127ページ表6参照）こんな事例は枚挙に暇がない。経営が厳しくなった企業が大手資本の救済を受けることは、ほかの業界でも通常にあることだけれど、大手資本の傘下になった書店現場で起きていることへの野坂さんの問題意識は興味深いよ。話を聞いてみよう」

## 書店員の仕事が、本部指示や取次推奨で「作業」になっている

ツクヨミプランニング代表　ブックライフ・ファシリテーター®　野坂匡樹

――野坂さんは「現場には本部からは矢継ぎ早の詳細な指示や、自分たちの意向とは関わりなく本部が一括で仕入れた本が店舗に送られて、**書店現場は「本の売る場所から本を置く場所」**になってしまい、書店で働く者は誇りや自信までも失いかけている。

「それが本屋のさらなる負のスパイラルを招いている」と言われています。

**野坂**　はい。レジは本来お客様と書店員のコミュニケーションの場であるはずなのに、複雑なオペレーションが要求されて、ミスなく怒られないことが自己目的化しているんです。本の仕入れと返品は本来、現場担当者の意思の反映なのですが、本部指示や取次推奨での単なる作業になっています。今の書店員は「何のための仕事なのか？」を自らにも問う心の余裕さえもなくなり、給与明細に溜息をつきながら、日々の仕事を何とかこなしているように思えます。

――野坂さんの視野は、出版界以外の世界へも広がっていて、2018年に個人事業であるツクヨミプランニングを立ち上げ、商工会議所などの異業種交流会に積極的に参加し、そこで出会った人達が自分達の商品やサービスを広めることに躍起になっていることを目の当たりにして刺激を受けられました。一方で書店人には成長するための学習機会が失われている現状を危惧し『書店員はこれだけ本に囲まれながら学習機会を持てておらず、多種多様な学びの場が必要』と指摘していますが、その真意を聞かせてください。

**野坂**　私は、書店現場の仲間たちとしばしば勉強会を自主開催して、お互いの技量を高め合っています。それでも足りないところは、他店のベテランスタッフを呼んだり、出版社に依頼して講義してもらっています。こうして学びが深まると、俄然書店員たちがやる気になることを何度も経験しています。

——そうなんですね。

**野坂**　書店員一人ひとりには、本人も気付いていない強みが必ず存在します。未来が見通せない書店業界においては、書店員にも希望が必要です。本を愛する書店員は元来、そのスキルを活かして他業界でも稼ぐことができる能力を持っているんです。マネジメント層はそんな書店員の強みを活かすマネジメントはできないものでしょうか？　その活躍は必ず書店へ還元されるはずなんです。

——取次や出版社への要望はありますか。

**野坂**　取次が血を流しながら出版流通を守ってくれていることは承知しています。だからこそ、もっと現場に来てほしい。チェーン本部に行くばかりでなく本を売る現場に来てほしい。危機感を共有したい。本屋と取次で望む未来の共通のｖｉｓｉｏｎを作ってゆきたい。出版社の営業は書店現場に来てくれますが、本を作った編集の意図や熱は正しく書店現場に伝えてくれているのでしょうか？　本を作ってくれた思いを私たちは書店現場で表現したいんです。

## 小島の解説

今では親しいこの男と私の不思議な縁は、前著『会社を潰すな!』（PHP文庫）の刊行前に私が各地の書店を営業で回ってチラシを配っていた時に始まる。私は大阪出張のついでにジュンク堂書店難波店に営業に行くのだが、生憎、文庫担当者が不在だったので、たまたま近くにいた語学書担当店員に名刺とチラシを渡して帰ろうとしたところ、追いかけられて、

「待ってください!　お話聞かせてください」と呼び止められました。

私は語学書担当には全く用事も興味も無かったのですが、あまりも熱心なので話をしているうちに彼が「難波店で刊行記念のイベントをしましょう!」などと言い出し、それが後に実現し、今では私と一緒に某流通業のコンサルタントの仕事までするような仲になるのだから、人生のご縁って不思議なものです。

「聡くん。野坂さんが語る『本を売る話』を聞かせよう」

「ぜひ、聞きたい」

「小学生の国語辞典は某大手出版社のものが一番売れているのだけれど、三省堂の営業が来て、

こう説明したそうだ。『当社の国語辞典は〝ＵＤデジタル教科書体〟という教科書で使用しているフォントを使っています。なぜかというと教科書とのフォントの違いに戸惑いを感じて学習につまずく子どもがいるそうです。そんな子どもがいなくなるようにこのフォントを使っています』この心遣いに感激した野坂さんが、お客様から小学校用の辞書の相談をされたら、このエピソードと共に三省堂の国語辞典をおすすめすると、誰もが納得して買ってくれると教えてくれたよ」

「それって、編集の意図が出版社の営業を通じて本屋さんから読者に伝わった事例だね」

「その通り。本を売ることには、まだまだ改善の余地があるのが出版界なんだと思うよ」

# 第17話
# 出版界が失ってしまった稀有な書店人

「聡くん、関西の書店人で知らぬ人がいない人を紹介します。萩原浩司さんです。叔父さんと萩原さんは長い付き合いなんだけれど、残念なことに今は書店をやめてしまって、古民家茶吉庵(ちゃきちあん)※第十九代目当主に収まっているんだ」

「どんな人なの？　なぜ書店をやめてしまったの？」

「萩原さんは熱い男なんだ。叔父さんとの出会いは萩原さんが宮脇書店大阪柏原店のオーナー店長で私がトーハン近畿支社長の時なのだけれど、実にうるさい取引先だった。仕事に熱心だから、仕入先に厳しいのも当然なんだけど、正直なところ叔父さんは、この人と関わりにならずにいたいと思っていたけど無視できない存在だったんだよね」

「面白そうな人だね」

※茶吉庵　国登録有形文化財ＨＰ　https://chakichian.co.jp

## 取次に書店経営はできるのか？

元宮脇書店大阪柏原店オーナー　萩原浩司

――経歴から聞かせてください。

**萩原**　私は新卒後に保険業界に入っていましたが、実家は江戸時代から続く織布業でした。その後、家業を引き継ぐ覚悟で実家に戻りましたが、ご多分に漏れず時代の波から業績不振となり、新たな商売を探そうとしている時に金融機関から本屋の全国フランチャイズチェーンの宮脇書店を紹介され31歳の時に書店業を始めました。

――そうだったんですね。

**萩原**　書店を始めてみると、売り上げは見込みの半分しか行かず、「首を括るか」まで追いつめられて、「立地も価格も変えられない本屋はどうするか？」と独学で本屋の勉強を始めて、「できる本屋から学ぶ」ことを考えて関西では有名となった本屋同志の勉強会「本真会（ほんまかい）」を20年も続けて、毎月1回具体的な事例を紹介し合い、メンバー間で**棚を育てるスキル**を高め合っていました。

## ——棚を育てる？

**萩原**　「**棚を育てる**」は私の造語なのですが、周りの方や出版関係者の方も評価してくださる多彩でお客様の興味を惹きつける売り場を作っていきました。そうすると店の売り上げ、は急増し当初見込みの倍まで伸びてゆきました。

——凄いですね。

**萩原**　このほかにも出版社と本屋を直接繋ぐイベント「本の万博　BOOK　EXPO」も主催して、業界の話題を集め関西の書店を活気づけることもできました。

——そんな萩原さんが、なぜ本屋をやめることになったのですか？

**萩原**　借入先の金融機関に新たに着任した融資担当者から「貸し剝がし」に遭い、泣く泣く債権を整理して自分の店を他の本屋に引き渡すことになりました。引き継いだのは取次の直営店チェーンでした。引き継ぐ時に月商は一千数百万円ありましたが、数年後にその店が閉店する時の月商は、一千万円を大きく下回るまでに下がっていました。

——なぜだと思われますか？

**萩原**　時代背景もあるでしょうが、私は取次が本屋の経営をするのは必ずしも適切ではないのではないかと思っています。同じ立地で同じスタッフを引き継ぎながら売り上げが大きく下がり、柏原市最後の本屋は閉店を余儀なくされたのですから。

――そうですね。萩原さんは、今どうされているのですか？

**萩原**　地域のコミュニティーである古民家茶吉庵で多くの人に癒しと元気を贈り続けています。ご予約頂ければＢＢＱもできますし、気軽に立ち寄ってのんびりお茶をしたり、楽しいイベントに参加もできます。近鉄大阪線恩智駅から徒歩7分です。皆さんも機会があればぜひお立ち寄りくだされればと思います。スタッフ一同が笑顔でお待ちしております。

## 小島の解説

「取次に書店経営ができるのか？」については私自身の経験も交えて説明する必要があります。私は40代の時に石川県の「王様の本」という6店舗の小さな書店チェーンに、経営再建と債権回収を任されてトーハンから出向していましたが、無能で経営経験もなかった私は経営再建も債権回収も果たせず、地域に愛されていたこの書店を倒産させてしまいました。このことは私の生涯の痛恨事です。

それから10年余が経ち、様々な経験と経営知識を身に付けた私は愛媛県の明屋書店(当時全80店舗)の代表取締役としてトーハンから出向し、今度はリベンジを果たし経営再建に成功し、2年半で業績をV字回復させました。その功績が認められて「週刊ダイヤモンド」誌の「地方『元気企業』ランキング」で全国中小企業300万社の中から全国1位の評価を受けるまでになりました。冒頭の問いに戻れば、それはイエスでもありノーでもあります。

私が萩原さんに学ばせてもらったことは実に多く、私が明屋書店を再建する時にも勉強会の講師としてきてもらいましたが、彼の接客は「いらっしゃいませ」ではなくて「こんにちは」もしくは「お帰りなさい」なのです(『会社を潰すな』104ページ参照)。萩原さんは、お客様が入店される際に感じる「真実の瞬間」をどう演出するのかが勝負だと言います。

「そのためには接客と棚づくりとお客様の声を聞く姿勢が大切」で、さらに小売りの原則であるお客様導線やゾーニングを考え、「棚を育てる」ためにはスタッフを育てることが大事だと話してくれました。

萩原さんは言います。

「もう、本屋は本と違うところで利益を上げるしか本屋を続けることはできない。しかし本があるからほかの部分も儲かるんです」

「生き残るためにも本屋は見えないものにお金を使うことですよ」

書店業界、いや出版界はこんな言葉を語ることができる稀有な男を失ってしまったのではないだろうか？


「聡くん。萩原さんの話をどう聞いた？」

「この人、小売りの達人だね」

「そうだね。叔父さんもそう思うよ」

「大阪府八尾市にある古民家茶吉庵には、行ってみたいな」

「それは良い考えだ。本屋のみならず、どんな小売店でも通用する商売の神髄を学んでくると良い。萩原さんは、このまま出版界が失うにはあまりにも惜しい人材だよ」

# 第18話

## すれ違う本音――取次のもう一つの役割

「正味、物流、書店現場と課題が見えてきたね。そこで今度は出版界の経験が長く、私もその見識を信頼する横山（仮名）さんの話を聞いてみることにしよう」

「どんな話が聞けるのかな？」

「出版社の編集のこと、営業のこと、取次のことまで幅広い話が聞けたよ」

「そりゃあ、楽しみだ」

「横山さんの話は、意外なところから始まったんだ」

## 編集者が満足していない本をだす出版社

横山（仮名）

**横山**　出版界が解決すべき課題に返品減少がありますが、出版社と書店の一番の本音は売り上げを上げる事です。取次だけは売り上げよりも返品減少そのものを一番の目的として業務に取り組む事に本音があるように見えます。配送会社による運賃の高騰がそうさせているのですが、こんなすれ違う現状が続いている限り、出版社と書店と取次が協力して需要を創出させるための新刊の仕掛けや既刊本の掘り起こしなどはできなくなります。

――そうですね。

**横山**　売り上げを向上させるためには、適切な部数の本を書店市場に供給する環境を作らないと、本の魅力が書店を通して読者に届きません。取次の経営が厳しくて赤字であることも分かっていますが、それは売上率を上げて経営を効率化することであって、縮小均衡になる出版物の扱い量を減らして返品量を減らすだけでは、経営改善にならないでしょう。

――出版社に意見はありますか？

**横山**　私が出版社の社内研修を担当した時、「自分が作った本に満足している人はいますか？」と聞いたところ、誰一人として手を挙げませんでした。クリエイターである編集者が満足できない本を世に出して、悔しくないのでしょうか。それで読者は満足するのでしょうか？

――出版社の営業に対しては？

**横山**　書店と信頼関係を構築して、書店から新刊の注文を取れる営業担当者が減ってしまった。出版社の営業はデータ病に罹っていて、書店に足を運ばなくなった。データばかりを見ていて**世の中に新たな価値を生み出す正しい意味**でのプロダクトアウトの意識も少し足りないのではないのではないでしょうか？　チェーン本部での一括仕入れが、各店舗での仕入れを制限し、ひいては書店員の本を選ぶ目利きの力も奪ってしまった。現状の書店チェーン本部は、出版社からの営業で新刊仕入れ数を決める時に本の面白さよりもリベートを重視した仕入れになっているのではないでしょうか？　本好きの書店員が仕事の面白さを感じ取れない売り場になっているような現状では、その昔たった一軒の書店の一人の担当者から生まれた伝説のベストセラー『白い犬とワルツを』のような本はもう生まれませんよ。

――取次については？

**横山**　以前の**取次**は、**業界の人的交流の場**でもあり、**学びの場**でもありました。情報交流が取次の現場で形成されていましたが、コロナ禍で社外の人間の立ち入りが制限され、セキュリティー強化の面から、コロナ禍が明けてもそれが継続しています。これでは本の情報だけでなく、売るためのアイデアを生み出す場もなくなってしまう。配本すらＡＩに依存してしまいそうないまだからこそ、人的交流が大切なのです。

――取次は出版界復活の鍵ですか？

**横山**　取次は書店だけでなく、図書館や大学生協、キヨスク、海外、コンビニ、ネット書店など様々なルートで本を流通し、その売掛金を回収する機能もある。**万一にも、そんなインフラ機能が低下すれば、業界の販売力は失われ崩壊の危機にも陥る。**倉庫や配送会社とも長く深く取引してきた取次ですが、その現場に及ぼす影響を想像できない幹部もいる。そうした中で様々な判断が下されていく現状に怖さも感じます。**取次**は、そうした**周辺企業へ利他の心**をもって**判断**するために**も門戸**をもっと**大きく開けてほしい。**

## 小島の解説

出版社の編集者は経営陣から新刊点数のノルマが与えられて、無理をして新刊を出しています。言うまでもなく、取次に納品して売り上げを計上するためです。そこに横山さんが指摘した「編集者が自己満足できない本」を作る原因があります。売れても売れなくても、注文があろうがなかろうが、出版社は取次に納品さえすれば、一時的に資金繰りの目処が立ちます。本が売れにくくなったいま、こんな委託制度が適切に機能していないことは明らかです。もっといえば、出版社の思慮の浅い行動によって委託制度が崩壊に瀕しているとも言えます。

だからこそ、横山さんは言います。

「出版社の編集者は、読者が手に取りたくなるような良い企画を厳選して出していかなくてはいけない。営業はそんな本の情報を書店に伝え、ともに売っていく。今までしてきた当たり前のことが、今はとても難しくなっている。それは、出版社にも取次にも本屋にも本を面白がれる人が少なくなったからだ」

こう話した時の横山さんの表情が悲しげになったように私は感じました。

私も、書店の経営は厳しく、リベートを獲得したい気持ちは十分に理解していますが、「本の価値よりもマージンありき」の姿勢で仕入れが行われていないのか？　私は書店が出版社の販売代行機能よりも読者のための仕入れ代行機能を重視してはじめて読者は満足するし、書店の売り上げ向上にも寄与すると思っています。

トーハンで長年働いた私ですから、取次の重要性は誰よりも知っているつもりです。横山さんが言うことにも大いに共感します。私が最も心配しているのは、新商品である新刊が出る時にメーカーである出版社と卸である取次との間で面と向かった商談がコロナ禍から少なくなってしまっていることです。出版社が新刊を出す時、新刊見本が紹介文書と共に取次に郵送され、直接の商談が簡略化されて仕入部数が決められ続けている現状には驚きを禁じ得ません。

年間で７万点もの新刊が出て、その中には著者からお金を取って作った、いわゆる自費出版が多く含まれていては、そうせざるを得ない面もあるのでしょうが、取次が本領を発揮するためには「仕入れ機能の強化」が極めて重要です。「出版社・取次・書店の情報交流を促す学びの場としての取次」の復活に再考の余地はないでしょうか？

「聡くん。横山さんの話をどう聞いた？」

「取次が学びの場だったなんて驚く話だったよ。出版界ではない僕から見ると問屋である取次って物流と決済だけだと思っていたよ」

「そうだな。叔父さんも若い頃に取次の三大機能は物流、商流、情報流と教えてもらい、それを実践していたね。今ではデジタルの情報が整備され、昔とは隔世の感があるけれど、横山さんの言う学びの場としての取次は重要な役割と思えてくるね」

「取次が出版界の浮沈の鍵を握ると言う横山さんの話も理解できる気がするよ。ところで、横山さんの話に出てきた〝白い犬とワルツを〟って何なの?」

「それはね。千葉県のある書店員がこの本を読んでとても気に入って、自分の店で手書きPOPを作って独自に売り出したら、それが話題になって燎原の火のように全国の本屋さんに広がってミリオンセラーにもなり映画化もされた新潮文庫の本なんだ。この話には本屋が本気になった時、本はその力を存分に発揮して売れ始める実例を示しているけれど、ここまで見てきた今の本屋の現状で、そんなことは、これから期待できるだろうか?」

# 第19話 教育の不在「出版界の死に至る病」

企業研修エキスパート　江渕泰子

「叔父さん、〝出版界の死に至る病〟って大げさじゃない？」

「いや、出版界の内部にいる人は気付いていないけれど、出版界の不振の真の原因は出版界の教育不在にあると思う。企業研修のプロに話を聞いたよ」

「どんな、経歴の人なの？」

「江渕泰子さん。理系と文系の大学院を出た才媛。愛媛大学工学部工学研究科応用化学専攻修了。卒業後、粉体プラントエンジニアリング会社にコンサルティング営業として入社。その後、人材ビジネス会社に転じて、営業担当、管理職を経て研修事業に従事しながら兵庫県立大学大学院社会科学研究科経営専門職専攻を修了し、ＭＢＡを取得しているんだよ」

「そりゃ、凄い！」

「正味、物流に次いで３つ目の問題点『教育』について企業研修のプロフェッショナルの話に耳を傾けてみよう」

――企業研修のプロフェッショナルである江渕さんにお聞きしたいのは、出版界が研修に関心が薄く、出版社にも書店にも体系的な研修が組まれていない現状についてです。

**江渕**　それは驚きますが、全くないのですか？

――私自身の経験で言っても取次には、それなりの体系的な研修がありますが、大手書店でも大手出版社でも、一部を除いて体系的な研修がある事例を私は寡聞にして知りません。

**江渕**　新入社員や業務系の研修もないのですか？

――出版社も書店もさすがに、型通りの新入社員研修や業務自身についての散発的な研修は何かしら行われています。ご存じの通り、研修には業務系の研修と自己啓発系の研修の2種類があり、社員が成長するための場である自己啓発系の研修が出版界では体系的に行われていません。

**江渕**　業務系の研修しか行われていないということは、出版社も書店も自社の未来を

表7　計画的なOJT研修及びOFF-JT研修の実施状況に見た、売上高増加率

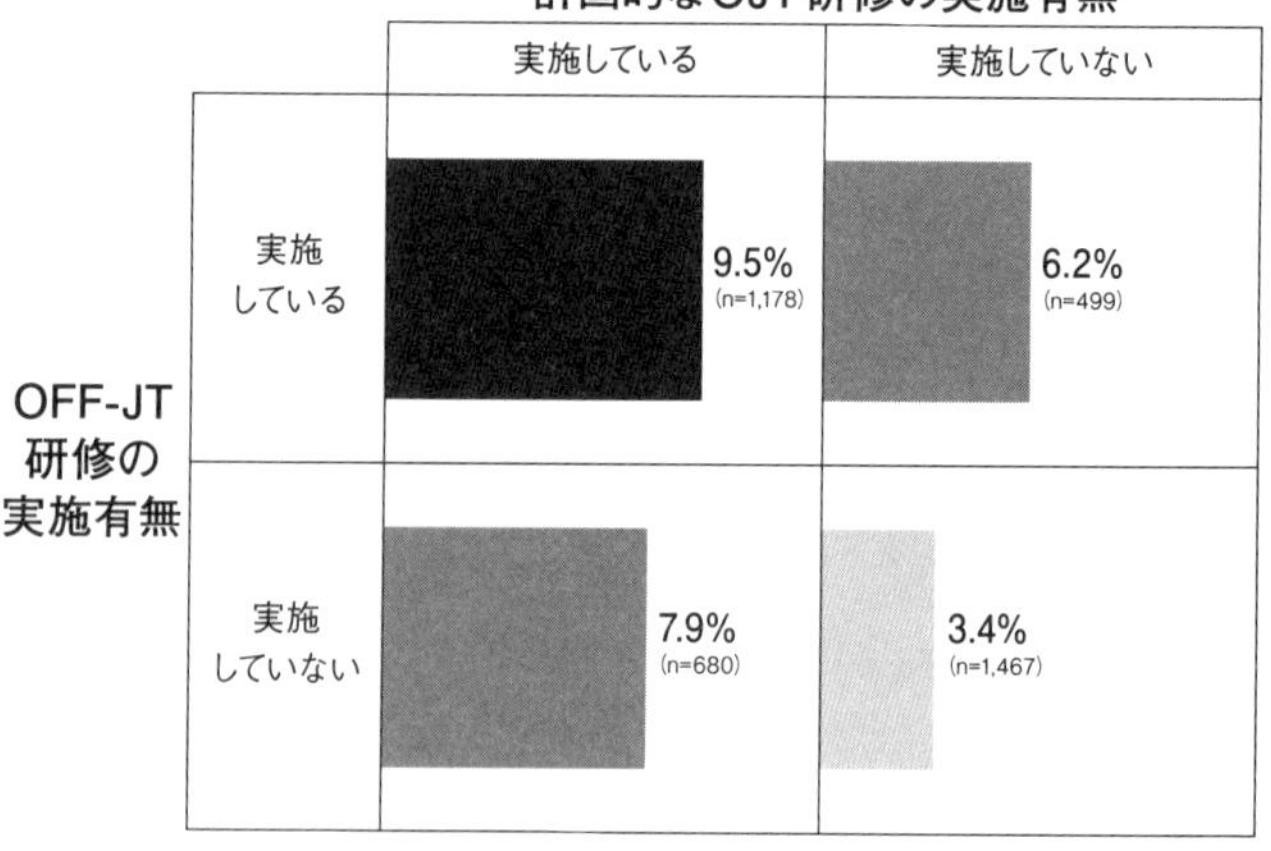


※売上高増加率は、2015年と2020年の中央値を比較したもの

出所：（株）帝国データバンク「中小企業の経営力及び組織に関する調査」（2021年12月）

過去の延長線上でしか考えられない社員しか育成していないことになりますね。厳しい言い方になりますが、**出版界の経営者は、社員たちに自己啓発系の研修**であるマネジメントやマーケティングにファイナンスを学ばせて、その**成長を促し、時代の変化に対応**する**新たな組織に自社を発展**させる**積極的な意思が欠如**していることになりますね。

——なぜ、こんなことになっていると想像されますか？

**江渕**　出版社も書店も家業の意識が抜けきらず、研修で社員を成長させる意義を理解しておらず時代の変化に対応できる社員の育成について、幹部社員たちに当事者意識が欠けているのではないでしょうか？　他業種の事例だと、製造業の研修の熱心さは群を抜いています。海外とも戦う企業は製造業に限らず〝人材投資は企業収益に直結す

る〟(表7参照)と考えています。

――出版界で、そう考えている人は極めて少ないでしょうね。

**江渕**　人材投資をする業界の方々は業界の壁を破り、異業種交流会やワークショップに出かけ女性活躍やキャリアパス形成にも熱心です。一方で閉じた業界の方々は〝人材投資は浪費〟と考えていないでしょうか？　メディア業界の方々は出版社に限らず放送局も新聞社も研修に熱心ではありません。

――適切な社員研修をしない「教育不在」の業界はどうなるのでしょうか？

**江渕**　イノベーションを興そうとするならば、社員たちを刺激し成長させなければなりません。研修をしないということは、社員たちを新卒時の素材のままで使い続けているということであり、成長の機会を奪っているとさえ言えます。出版界にイノベーションが起きにくい理由も分かる気がします。もし、出版界の方々が今注目のｏｎｅ　ｏｎ　ｏｎｅ面談を実施して社員たちのモチベーションを上げて風通しの良い組織にしようとしても、そのスキルを体系的に学ばせておかなければ、それは、その場限りのものになり、組織に根付くことはありません。研修内容には、経営者が考える経営戦略が明確に現れます。

## 小島の解説

　ある出版関係者が研修について話してくれたことをお伝えします。

「新入社員研修以後、体系的な研修は行われていないが、必要な人材研修とは何か？　時代の変化に対応する力や新たなことに対して柔軟に対応する能力を身に付けるプログラムとは何か？　これからの出版界を担う人に求めるものが明確になり、それを満たす研修プログラムがあるのならば、試してみたい」と正直な気持ちを教えてくれました。

　大手出版社にも大手書店にも体系的な自己啓発系の研修は、一部を除いて不在のようです。取次にはあります。私もそのおかげで中小企業診断士の資格も取得できました。トーハンや日販には書店向けの研修プログラムは用意されていますが、継続した体系的な研修は行われていないようです。出版社向けとなれば皆無です。ここは、今こそ「米百俵の精神」（121ページ参照）で将来の出版界を担う人材育成のための書店向けや出版社向けの体系的な研修を立ち上げようとする企業や組織は、ないものでしょうか？　「研修プログラムならば幾らでもある」のにと思います。

「出版界は、なぜこんなにも研修不在の業界になってしまったのだろう?」

「それは、今のメディア業界の幹部の方々がこの業界に入る時代は、その時代の最優秀な人材が来てくれた上に業界自身も発展していたので、体系的な研修などしなくても社業も伸びた時代だったんだ。その方々がボードメンバーになった今、一体何をどんな風に学ばせたら良いのかのイメージもプランも浮かばない状態になっているのではないのかな」

「確かに〝死に至る病〟だね。その上に問題なのは多くの出版人が、そのことに気付いていないことだね」

「出版界の業績は戦後から50年間伸び続けて、この30年間落ち続けているけれど、出版界にイノベーションが起きず、茹でガエル状態なのは、体系的な研修が不在で新たな時代に対応できるメンバーが育っていないからと言うのは言い過ぎかな?」

「いや、そんな話を聞くと出版界は人材育成には熱心ではなく使い捨ての業界と思われても仕方ないね」

「江渕さんが請け負う研修先は製造業に留まらず、上場企業の流通業や商社から、IT企業、中堅運送業と幅広いです。そんな江渕さんから見て出版界の研修不在は異常に見えるのだと思う」

「出版界でも研修に熱心な企業はないの?」

「あります。ブックオフ」

表8　書店の研修事例

| | 主にOff-JTで行われる | | OJTが中心 |
|---|---|---|---|
| | コンセプチュアルスキル（概念化スキル） | ヒューマンスキル（対人関係スキル） | テクニカルスキル（業務遂行スキル） |
| 幹部社員 | 目的：事業戦略づくり<br>〈例〉<br>SWOT分析等の戦略フレームを活用し事業の方向づけを構想する<br>「マネジメントの基礎」 | 目的：課題解決<br>〈例〉<br>●プレゼンテーション<br>●ネゴシエーション<br>●アサーション | 目的：戦略構築の手法<br>〈例〉<br>市場分析・人材育成計画の策定<br>「決算書の読み方入門」<br>「マーケティング思考入門」 |
| 店長 | 目的：書店の円滑な運営<br>〈例〉<br>「リーダーシップを身に付ける」<br>「業務改善の考え方と手順」 | 目的：仕事の進め方<br>〈例〉<br>●部下、後輩指導（ティーチング、コーチング）<br>●効果的な会議の進め方<br>●1on1ミーティング | 目的：書店運営に必要なスキル<br>〈例〉<br>●予算管理・販促計画<br>●集客イベント<br>●労務管理（シフト組み含む）<br>「売り場の計数管理入門」 |
| 書店員 | 目的：本を知る<br>〈例〉<br>選書について得意分野を持つ | 目的：社会人としての基本<br>〈例〉<br>●挨拶・報連相・整理整頓<br>●タスクマネジメント<br>●タイムマネジメント<br>●PDCA・優先順位 | 目的：書店員としての専門スキル<br>〈例〉<br>●接客マナー<br>●POP作成<br>●ラッピング<br>●読み聞かせ |

江渕氏作成

「ブックオフ？」

「数年前のことだけど、ある方が叔父さんを『ブックオフの研修講師に適任』と紹介してくださったところ、プライム市場上場の社長自らが日帰りで松山まで来て、私の研修内容の説明を聞いて即決してくださり、2019年と2020年にブックオフさんの幹部社員研修を担当させてもらったんだ。その研修には社長も多忙ななか、オブザーバーとして参加もされていたよ」

「びっくり」

「これほどまでに、社員研修に熱心な企業が出版界にあるだろうか？　ブックオフ社内には元々、充実した研修プログラムが用意されていて、ホームページでもその一部が公開されているよ。叔父さんのような外部講師だけでなく社長ご自身も講師となられて研修されています。この体系化された研修を受けて鍛えられた社員たちがいるブックオフは業績を伸ばし続けています。出版界はこのブックオフの研修のあり方について学ぶ余地はないのかな?」

こちらに、江渕さんに作ってもらった書店向けの網羅的な研修プランを載せておきます。この中から、新入社員、店長、幹部社員などの階層別のプログラムを作ることになります。参考にされてください。むろん、ご要望に応じて出版社向けの作成にも相談に乗ってくれるそうです。

# 第20話　図書館問題と街の本屋の未来

「山梨県甲府市で創業120年以上になる老舗書店を経営している須藤令子さんに魅了される出版人は多い。むろん叔父さんもその一人。池井戸潤先生も彼女をモデルにした女性を小説の登場人物にしているくらいだからね。須藤さんと話をしていると経営数値が次々に出てくるんだ。書店経営を数字で語れる数少ない経営者が須藤さんなんだ。彼女は地元金融機関の勉強会で学び続けているからね。そんな須藤さんから図書館と地域書店の関係について聞いてみたよ」

「それは、興味深いな」

## 街の本屋はボランティアに？

朗月堂代表取締役　須藤令子

――図書館と地域の本屋の関係は難しい局面にあると思っていますが、この点について須藤さんのお話を聞かせてくださいますか？

**須藤**　甲府市の中心部にあったジュンク堂は開店しても閉店しても（２０２３年1月閉店）私の店の売り上げには大して影響はなかったけれど、県立図書館が蔵書を大幅に増やして駅前へ移転した時は目に見えて影響があったんです。

――その話には少なからず驚かされますね。図書館と本屋の共存と競争についてのプランはありますか？

**須藤**　はい。３点あります。

・アーカイブとしての図書館は新刊を半年は置かない。

・図書館は同じ本を複数在庫しない。

・行政も図書館を利用者数や貸し出し冊数で評価しない。

――図書館と地域の書店の共存のためには、どれも道理の通った話ばかりですね。以前、山梨県立図書館の館長をされていた阿刀田高氏が言われた「欲しい本を読む際に時間がある人は図書館に、お金が払える人は本屋さんに」の言葉を思い出させます。図書館に関する課題は、ほかにありますか？

**須藤**　図書館への納品には、本そのものと装備品と言われるもの（図書館蔵書用のラベルやビニールコーティングに書誌データなど）の２種類があるけれど、入札に際しては一括で入札価格を提示しなければならず、行政は、知らぬ間に本屋に本の値引き[※1]を強要させてしまっています。

――それは、利益が削られる厳しい事態になっていますね。

**須藤**　**本屋は赤字になっても再販制で勝手に価格を上げることはできないのに、図書館への納品は自治体から値下げが要請されるって道理が通らないわよね。**

――本屋での日々の業務における不満も聞かせてください。

**須藤**　**出版社が作り、取次が納品する雑誌の付録詰め[※2]をどうして本屋がやらなきゃならないの？**

――本屋の未来について聞かせてください。

**須藤**　トーハンが応援し、ここまで広げた『朝の10分間読書』は本当に素晴らしい試みで、日本の読者人口を増やしていると思う。それでも、本屋はこのままでは５年も持たない。10年後には消えている。もうすぐ、街の本屋はボランティアでしかできなくなるわね。

――創業120年を超える本屋の社長の言葉を出版界の重鎮たちはどう聞くのだろう？

## 小島の解説

朗月堂が自宅の近くにあったら、どんなにか毎日が楽しいだろう？　読者諸氏も機

※1　本の価格が一定なのは独占禁止法23条第4項において、再販売価格維持制度が認められ、小売業者は勝手に価格を決めてはならない規定があるからだ。しかしながら、以前、本以外の様々な業種で行政と業者の癒着があったことから、中央官庁から各自治体に対して一定額以上のものを購入する際は競争入札するようにとの〝通達〟が出て、それを各自治体も踏襲してきている。言うまでもなく〝通達〟よりも法律が優先されるのだから、各自治体が独占禁止法の例外規定として小売業者に制限されている値引き行為を行わせていることは問題だと思う。地方自治体が地元の本屋を本当に守るためには、図書館の本の購入に際しては地元の本屋から本だけでも、定価の随意契約で納品させるようにすることはできないものだろうか？　こうすれば、図書館と本屋は共存できるはずである。

※2　これは、書店から言えば至極真っ当な意見である。店頭に並ぶ雑誌に付いている付録は雑誌本誌と付録は別になった状態で本屋に納品され、本屋がこれを一緒にする作業を朝から行っているのである。（第2話29ページ既出）例外はあるものの原則的には本屋が負担する作業なのである。須藤さんが口にする不満は、全国の本屋が一律に思っていることを須藤さんが代弁しているだけなのである。常に正論を吐く須藤令子さんは、もしかしたら書店業界のジャンヌダルクになるのかもしれない。

会があれば立ち寄られると良い。ジャンル別の棚担当者が自分の目利きで仕入れて、自分の言葉と感覚で本を売って、読者とは品揃えで心のキャッチボールをしている本屋なのだ。令子さんはお店の近くに建っているマンションについて、こう言った。

「マンションは近隣にスーパーや公園と共に書店が近くにあるから、その魅力も上げていて書店は地域の治安を守る役割も担っているの」

こう言い切れる本屋の社長が今の日本にどれくらいいるだろうか？　この言葉は令子さんの書店人としての矜持なのだと思う。

令子さんの頑張りは魅力的なお店作りだけではない。行政・民間企業・県立図書館と書店で協力して行っている「やまなし読書活動推進事業」の実行委員長も務めていて、最近は地元の学生さんも参加してくれているそうだ。このほかにも「作家講演会＋ワインと本と読書」も企画して実践している。令子さんはとても頑張っているのだ。

「聡くん。須藤さんの話をどう聞いた？」

「書店業界に就職を決める前に一度は須藤さんのお話を直接聞いておきたい」

「そりゃまた、なぜだい？」

「須藤さんなら、現場目線で本屋の現状と課題。そして未来が聞けるかもしれないから」

「ほかにはある？」

「法学部で法律を学んでいる僕は、図書館納品についての再販制度と〝通達〟による値引き問題を現場でこの目で確かめておきたい」

「頼もしいね。朗月堂には地方の本屋の良心が魂に宿り続けているから学びが多いと思う。朗月堂に大学生のインターンシップ制度があるかは分からないが、叔父さんから須藤さんに聞いておこう」

「わーい。ありがとうございます。楽しみです」

「朗月堂インターンシップの帰りには叔父さんへの甲州ワインのお土産を頼んだよ」

## 第3部まとめ

# 日販「ファミリーマート・ローソン」雑誌取引停止の衝撃

「聡くん、この第3部まとめは、叔父さんが出版界の皆さんへのメッセージになるから、君の興味を引かないと思う」

「そうなんだ。難しそうな話になりそうだね」

「そして、堅(かた)い話なので一般読者諸氏にも興味が持ちにくい内容ですから、読み飛ばしてください。ただし、出版界諸氏にはお伝えしたい話ですし、いつかこの件で自由に議論し合える機会が持てたらと思っています」

**出版社について**

出版社が、これからも再販売価格維持制度（再販制）を守ってゆくのであれば、出版物の**価格の15％前後のアップと取次卸し正味の10％下げ**は避けられません。その2％を取次に8％を書店で分配するか、同等のバックマージンを支払うのが疲弊する取次と書店の経営改善に繋げる一番の早道と思います。

この考え方に異論があることは私も十分に承知していますが、まずはそこから**出版界でタブーとなっている正味についての議論を始める**ことはできないでしょうか？正味下げができないならば、出版社は再販制度を放棄して、価格決定権を取次と書店に委ねるほかに出版界が生き残る道は残されていません。

営業面では、取次の協力も得て「新刊事前受注」に対応した仕組み作りとDXの推進を強力に推し進めてゆくことが肝要です。もう既に取次には見計らい配本をする余裕もメリットもありません。

編集面では、第18話で横山さん（仮名）が指摘されたように、経営者が編集者へ「一定期間内の出版点数を求める」のではなくて、「一定期間内で担当する本の販売数」を求めるようなマネジメントに移行することが欠かせません。それが、読者も書店も求める「売れる本」への入り口になります。出版社が良心に従って良いものを作り続けることがロングセラーを生み出し、出版界を再び活性化させてゆきます。

この後の第4部第25話の今村翔吾先生や第23話の津嶋栄氏が指摘されますが、出版社は著者をプロデュースする意識を持って著者を守り、育てることが求められています。出版界は、本の入り口の著者と出口の書店が危機に瀕しています。

## 取次について

一般読者の多くは取次の存在を知りません。私の大学の同級生が大手出版社の雑誌の編集にいましたが、彼から面と向かって言われたことがあります。「トーハンって何をしている会社なの?」。これが現実なのかもしれません。ここまで読んでくださった読者の皆さんには、取次の存在をご理解頂けたかと思いますが、私のトーハン在籍中に心掛けた元社長の故・金田万寿人（かなだますと）氏の言葉があります。

**「私たち取次は、優れた出版物を作ってくださる出版社への敬意と出版物を読者に売ってくださる書店への感謝を忘れてはならない」**

その上で、取次への批判も受け止めながら話を進めたいと思います。

読者諸氏の多くが持つ出版界への最大の不満は「なぜ注文した書籍の入荷が遅いのか?」だと思います。この原因は明確なのです。出版流通は取次が担っているのですが、この流通網は元々雑誌配送を基盤にしています。その雑誌配送網は安価で全国津々浦々まで精緻に張り巡らされているので、取次は長年この仕組みに書籍の配送も併せ載せる形で使ってきました。

書籍の注文品はこれにバイパスを作るようにして対応してきたので迅速性に欠け、書籍の注文品がほかの流通網に比べてスピードで大きく劣っていました。これが原因ですが、この現状にようやく変化の兆しがハッキリと見えてきました。

2023年はトーハンと日販がその経営方針について別の方向に大きく舵を切った年になりました。もう、両社は「取次」という言葉で一括りにできない業態になってゆきます。トーハンは今後も出版物のホールセラー（wholesaler）として出版販売会社であり続ける意思を明確にしました。

日販は出版販売会社としての機能を縮小して、輸配送と代金回収による手数料収入を柱とするディストリビューター(distributor）としての方向性を明確にしました。傍証ではありますが、2023年の両社トップの発言を見てゆきましょう。

各地トーハン会などでのトーハン近藤敏貴社長の発言です。

「ドイツ型モデル」を参考にして経営を進めてゆく。書籍は、①書籍新刊の書店からの事前発注を受け付ける。②注文品出荷のスピードを上げる。この二つのマーケットインの思想で取次事業を再構築し始めている。書籍販売の課題は返品率の高さと流通コストにあり、これは是正してゆかなければならない。

書籍事業の復活のためには品切れや絶版を防ぐことが必要なので、トーハンの書籍物流基地である桶川センターに大日本印刷と組んでプリントオンデマンドの機械を導入し、読者が品切れ・絶版しているものを注文した時もそこで少部数でも印刷して読者の期待に応える仕組みを作る。

雑誌は出版配送の根本であるから、川口雑誌新センターに42億円もの投資をしてでも取次事業を守り責任を持って全国の書店に寄り添い続ける。ローソン・ファミリーマートとの取引は2025年7月から始めることになるが、それも出版流通網維持と雑誌文化を守るために行う。

日販の奥村景二社長は、「コンビニルートの2023年度売り上げは280億円で赤字は40億円にもなる見通しだ」と話されています。日販全体としても2023年度通期でもかなり厳しい決算が見込まれています。

奥村社長が表明されている「新しい形の取次」は推測するほかないのですが、紀伊國屋書店、カルチュア・コンビニエンス・クラブ（TSUTAYA）と日販が共同出資して立ち上げたブックセラーズ&カンパニーでの役割は従来の販売会社としての卸しの機能は捨て、配送と集金の手数料収入でのビジネスモデルで参加されています。この新会社が日販取引書店にも参加を求めていることから考えると、事業の柱をこちらに移行されようとしていると考えて間違いないでしょう。

その時に日販は、雑誌の配送はどうするのか？　書籍の配送網をこれから新たにどんな形で構築しようとされているのかは現時点で全く不明ですが、もしそうであるならばトーハンとは好対照な経営戦略になり興味深いです。


何かと批判されることが多い取次ではありますが、その努力が正当に評価されることは少ないのです。私はトーハンOBであるので身びいきがあることは承知の上で、トーハン近藤敏貴社長が行っている刮目すべき点を挙げます。

まずは戦後の80年近い出版界の歴史の中で待望されたロビー活動を本格化した点。

時の政権政党の議連（街の本屋さんを元気にして、日本の文化を守る議員連盟）をここまで発展させ、現職の総理大臣に出版界の危機について直接訴え、施政方針演説でもこの危機に言及させ、一定の影響力を持ったこと。

一方でこれを批判する方々がおられますが、これまで十分なロビー活動ができず消費税の軽減税率を勝ち取れなかった痛恨事を考えれば、大きな進歩と言えるでしょう。このロビー活動が２０２４年３月に発表された「経済産業省大臣直属『書店振興プロジェクトチーム』」の誕生に影響を与えたことは間違いないでしょう。

もう一点は、日販がローソン・ファミリーマートとの取引中止を決めた時に、これから数十億円もの莫大な投資をしてでもその事業を引き継ぐ覚悟を決め、日本の出版社が雑誌を継続して出版し続けられるようにしたことです。雑誌の将来性が厳しい見通しの中で、日販の赤字部門を引き継ぐこの決断は他の経営者にできることではありません。雑誌が壊滅的な状況になれば出版界は崩壊しますが、近藤氏は最悪の事態を回避したのです。

当然、出版社への応分の負担交渉は始まるとは思われますが、出版社諸氏はこの点を忘れずに対応されることが大切でしょう。

日販の奥村景二社長に期待する書店さんは多いです。久しぶりの営業現場出身の社長であるし、その気さくなお人柄も慕われている。そんな中で大きな赤字(2022年30億円)を出し2023年上期決算では前期よりも赤字幅を増やしていて一刻の猶予もない事情も理解できます。奥村氏に周囲の思惑を気にしている暇(いとま)はないのですが、ローソン・ファミリーマートとの取引中止の手続きについて一定程度の瑕疵(かし)があったことは否めません。そのことで大手出版社が日販に不信感を持つことも理解できますが、「坊主憎けりゃ袈裟(けさ)まで憎い」かのように、日販が紀伊國屋書店、TSUTAYAと一緒に立ち上げたブックセラーズ&カンパニーまで全否定するようになることは行き過ぎに思えます。日販も新しい取次の業態を模索して生き残りを賭けています。

## 物流について

これまで、お話してきたことと重複しますが、出版流通は雑誌配送が根幹になっています。特に全国に5万軒あるコンビニルートがその中心です。極端な言い方をすれば、「コンビニ配送のついでに書店に本を運んでいる」状態です。日販が手放したローソン・ファミリーマートとの取引をトーハンが引き継ぐのは、使命感といえます。

日販はその後の物流をどんな風に構築されていくのか、大変に興味深いものがあります。物流系のコンサルタントが入っておられると聞いていますので、何らかの見通しはお持ちの上での決断かと思いますが、トーハンは雑誌配送を守りこれまでの流通ルートを守り、日販は新たな書籍を中心とした流通ルートを見据えているように思えます。経営者が死力を尽くすトーハンと日販のどちらの経営戦略が正解なのかは、部外者が軽々に論ずることはできませんが、そう遠くない時期に結論は出るでしょう。

そこで注目されるのが、第7話で大垣氏が指摘したKADOKAWAの即日出荷体制です。トーハンはドイツ型取次を標榜し、日販は書籍の取り扱いマージン制移行を視野に入れている以上は、書籍専用の出版流通の仕組みの再構築は喫緊の経営課題に思えます。

## 雑誌発売日協定について

物流の2024年問題があり、「**雑誌発売日の地方の遅延**」が起きます。首都圏や関西圏に在住の読者諸氏はご存じないと思いますが、地方の雑誌発売日は地区によって異なっています。出版界には特有の「雑誌発売日協定」というものがあるからです。これは、雑誌ごとに同じ地域の書店の発売日を決めて、同じ日に届くようにかなり精緻な配送ルートを決めて、コストをかけて東京から送り出す商慣習のことです。

出版界の方々には当たり前に思えても、世間一般で考えると異常なことが行われています。手間とお金をかけて書店到着日を遅らせているのですから。具体的には首都圏と関西圏、中部圏は東京発送日が発売日ですが、東北と中四国は2日目になり九州と北海道は3日目になるようにしています。

物流改革の2024年対応で遠隔地の発売日はさらに遅れることになります。この商習慣は雑誌がメディアの王様だった頃に始まったものと考えられますが、私は出版界のコストを下げるためにも「雑誌発売日協定」を廃止すべきだと思っています。

この分野に詳しい関係者に取材すると「雑誌発売日協定」を廃止すれば地方の発売日は1日以上早くなるそうです。ここにも過去を変えられない出版界の現状を垣間見る気がします。

昭和の遺物、無用の長物「雑誌発売日協定」について出版界は改めて真剣に見直しか廃止に向けて議論が始まらないものでしょうか？　ローソン・ファミリーマートとの取引を辞退する日販もコンビニ配送コストを下げるために幾つかの方法を模索されたと聞きますが、最後はこの「雑誌発売日協定」で、とん挫したようです。

1束数千円しかないものを発売指定日の指定時間（早朝）までに配送するなんて馬

鹿らしくてやり続けることはできません。「雑誌発売日協定」を死守したいという方は、今回の取材でおられなかったことも付記しておきます。

本の配送時間を、現行の夜中から昼間にシフトすることは第15話で手嶋氏と話したように議論する価値は十分にある課題に思えます。

雑誌の物流を担う取次は以前数社もありましたが、今では実質的にトーハンと日販の2社になり、日販が2025年にはローソン・ファミリーマートの取引から撤退する予定で、それを引き継ぐトーハンの雑誌の販売占有は7割を超えるでしょう。

「雑誌発売日協定」は実質的な意味を失います。誰が何のためにこの協定を順守しようとしているのでしょうか？　一日も早く廃止したほうが良い協定ですが、遅くとも日販の大手コンビニからの撤退に合わせて「雑誌発売日協定」も廃止することはできないものでしょうか？

「叔父さん、確かに堅すぎる話だったね」

「うん、自分でもそう思う。でも、きっとこれが聡くんに一番伝えたかった出版界の現状なのかもしれないね」

「それは、少し寂しい話だね。出版界には何かもっと明るい話はないの？」

「分かった。大丈夫。次の第4部からは出版界に希望を持てる話になるから期待しておいて」

# 第4部

# 提言 ――生き残る本屋の道

# 第21話 広島の過疎地域で世界と商売する

「聡くんに、これまで第1部で書店の厳しい現状を知ってもらい、第2部で頑張っている個性派書店を見てもらい、第3部では出版界の課題を伝えてきました。最後になる第4部では書店の未来に希望を感じることができる話をしたいと思う。まずは広島の過疎地域で自由な発想の書店経営をして、書店業界の有名人でもある佐藤友則さんの話からしよう」

「叔父さん、期待しています」

「佐藤友則さんが住む広島県庄原（しょうばら）は1市6町が合併してできた岡山県に接する人口3万2000人余の山間部の自治体なんだ。書店業界で注目の佐藤さんは、この庄原市の旧東城町（とうじょう）（人口6800人）でウィー東城店という不思議な本屋を営んでいる。庄原市最後の本屋です。佐藤さんは創業130年余の4代目社長。こんな環境で消えていった本屋が数多（あまた）ある中で、佐藤さんの店はなぜ生き残っているのか？　車で広島市から2時間、福山市からでも1時間半はかかるこの町を訪ねて佐藤さんと交流を持とうとする出版界の者は後を絶たないんだ」

「それはなぜ?」

「佐藤さんの気さくな人柄に惹かれてやってくるのも理由の一つだけれど、一番の理由は過疎地の郊外型書店であるウィー東城店に出版人たちが本屋の未来への可能性を感じるからだと思う」

「へー、そうなんだ」

「付け加えると、『この店で働きたい』と言って若者も次々にやって来る。大手書店を辞めた人も不登校だった人もいて様々だよ。詳しくは佐藤さんが共著で書いた『本屋で待つ』(夏葉社)を読むと良い。そして、こんな話題も含めてウィー東城店のメディアでの紹介は極めて多いんだ。佐藤さんの話に耳を傾けよう」

# 美容室、パン屋、コインランドリー、だからウチは本屋です

総商さとう代表取締役　佐藤友則

——いきなりですが、佐藤さんが思う本の本質ってなんですか?

**佐藤**　**本はすべての商材のゲートウェイだと思います。**本ほど他の商材との親和性に富むものはありませんから。商売の曼陀羅を書いたら、その中心には本が来ます。だ

からＡｍａｚｏｎも本から商売を始めて大成功したんだよね。僕ら本屋も本だけ売っている場合じゃないでしょう。

――佐藤さんのビジネスの発想の原点は常にお客様の声の中にありますよね。「〇〇が無くて困っている。〇〇があったら嬉しいなあ」の声に佐藤さんはビジネスチャンスを見つけ、話題になった有名なエピソードの数々ありますが、その中から一部を聞かせてください。

**佐藤**　はい、分かりました。ある年の年末に年賀状印刷を受け付けていると、お年寄りから宛名の印刷を頼まれたので、送付先の住所を入力し、年賀状の表も裏も印刷してお客様にお渡しするようになり喜ばれたので、その翌年からは正式にビジネスとして始めたのが、宛名入力です。年末に人気のサービスです。

――面白いですね。ほかにも聞かせてください。

**佐藤**　ある時、お客様がプリンターを持たれて来店され「電気店に持って行ったんじゃが断られたんじゃ、あんたのところなら何とかしてくれると思うて」と壊れたプリンターの修理の依頼に来られました。さすがに私も自分では修理できないので、メーカーに問い合わせて修理に漕ぎ着けたんです。

――それは驚くようなエピソードですが、お店が地域に信頼されている証拠ですね。佐藤さんはお客様と本を大切にした上で、それ以外にもビジネスチャンスを見つけておられますよね。そんな取り組みも教えてください。

**佐藤**　女性誌や美容雑誌が売れるので、相乗効果を考えて開店当初から化粧品も置いています。妻が元美容師だったことから美容院も併設して収益を上げています。高校生の時にウィー東城店でアルバイトしていた女性が10年経って東城に戻ってきて『パン屋を始めたい』と言われて、敷地内にパン屋の場所を提供して開業してもらいました。

――私もこのパンを頂きましたが、超絶に美味しかったです。ほかにはありますか？

**佐藤**　郊外型書店駐車場の余裕スペースには、無人の卵自動販売機を設置して地元農家に貢献し、売り上げも上げています。最近のヒットはコインランドリーです。このビジネスは粗利が70％の高収益モデルです。しかも釣銭や機器の故障があっても店舗からすぐに駆けつけることができるのでお客様は安心です。その上、お客様は洗濯の待ち時間を本屋で過ごしてくださるので相乗効果もあります。

――コインランドリーは、初期投資も大きいですが、資金回収面ではどうですか？

**佐藤**　売り上げは想定の倍近くもあり、全額借り入れで始めましたが、近々完済します。今後は利益とキャッシュを生み出し続けることになりますね。

――佐藤さんの店はどんなに多様化しても本が店の中心の本屋であることにはこだわり続けますよね。

**佐藤**　やりようで本屋には未来があると思っています。それには狭い世界に閉じこもっていては始まりません。本屋も小売店の販売員である意識が大切です。ライバルは他業種です。本の選書は出版社や取次に任せず本屋が自信を持って本を選び、その楽しさを復権させましょう！　その楽しい想いが必ず来店してくださるお客様にも伝わります。本屋が地域にあり続ける大切さを認識しているからこそ、様々なことにも挑戦しているんです。

――出版社へのメッセージはありますか？

**佐藤**　市場を国内限定せずに海外に向けてはいかがでしょうか？　日本の出版技術は世界で断トツのクオリティーを持っています。版権ビジネスに留まらず、自社で翻訳し海外で直接販売するビジネスモデルを構築しませんか？

## 小島の解説

佐藤さんは自分自身が出版社になろうと思っている。出版社が版権を持っていながら絶版にして眠っている既刊本を佐藤さんが発掘し、出版社と一緒になって本を作り、海外のECサイトで販売するプランを持っているし、詳細は省くが、佐藤さんはそんな海外販売の試みを実際に始めて年間で数千万円もの売り上げを上げているのだ。これを読んで興味を持たれた出版社諸氏は佐藤さんに直接コンタクトされたら良い。きっと驚く話が聞けるだろう。佐藤さんは言う。「本屋が持っている本を選ぶ能力はビジネスになりますよ」。

出版界が佐藤さんに学ぶのは、どんな状況でも決して諦めずにビジネスチャンスを見つけ未来を切り拓く佐藤さんの本を愛する心意気だろう。

## 〈小島の解説・追記〉

佐藤さんは、2024年の5月10日に庄原市で新しい本屋「ほなび」を開きます。それが、どんな本屋になるのかが、この不思議な店舗名の言葉の意味と共に少しずつ明らかになってきました（２０２４年３月原稿執筆時）。大きなお金も必要だし、外部環境も決して良くはないですが、地元の皆さんから大きな期待と支援を受けて開店されます。80坪が予定されるこの店舗は本を重視した品揃えにするほかに様々な仕掛けがあるようです。

什器もＯＡ機器もトーハンの協力を得て、他の地域で閉店するものを活用してイニシャルコストを下げます。地域単独店なので、恐らく本屋としては日本初の試みとして雑誌休配日（広島は火曜日）を店休日にしたり、営業時間も柔軟に設定するなどしてランニングコストも下げます。

近隣にも特色のある店舗を借りて（当然のことながら家賃は格安）、ここでは無人ビジネスで収益をあげようと考えているそうです。

佐藤さんを中心とする仲間たち全員で全力の応援をしています。どんな本屋になるのかワクワクします。この「本屋で町興し」になる新店舗では、クラウドファンディングやボランティアも募集するかもしれません。（実際に、書店の棚に本を並べる作業を子供たちを含む地域の皆さんたちと一緒に行うそうです）読者諸氏の応援をお持ちしております。

佐藤さんと関わる人生ってとっても楽しいですよ。ちなみに第10話で登場してもらった本庄さんは、名古屋から庄原市に移住してこの店のスタッフになりました。

「聡くん。佐藤さんの話って興味深いだろう。ご父君の洋さんのエピソードも負けず劣らず面白いんだ」

「どんな話なの?」

「2013年に『やなせたかし大全』2万8000円(本体価格)が発売された同じ時期にジクリー版画『やなせたかしの世界』の展示即売会の企画があったのだけど、広島の山奥での高額版画の展示会は主催者の了解が取れなかったそうだ。1点で21万円もするものまであるのだから、主催者が開催に躊躇するのも理解できる。まだ、社長を息子の友則さんに引き継がせる前だったので洋さんは強い意志で交渉し開催の了解をもらったそうだ」

「諦めずに粘り強く交渉されたんだね」

「その直後に、やなせたかしさんが亡くなり、図らずも追悼展示会となってネット告知で開催を知った県外のお客様が大勢お見えになって完売し、3日間で1000万円を超す売り上げになったそうだ。佐藤友則さんのチャレンジャー精神には父親である洋さんのDNAが色濃く引き継がれているようだね」

「佐藤さん父子のような方がいれば本屋の未来も拓けていくね」

# 第22話
# 本好きが望む、本屋の形とは

「叔父さんは、数多くの本好きを知っているけれど、この人くらい本好きは見たことがない」

「どんな人なの？」

「行動派のＢｏｏｋ（ブック）Ｌｏｖｅｒ（ラバー）さ」

「どんな経歴の人だろう？」

「広島県呉市出身の藤坂康司さんは無類の「本」好きで異色の経歴を持つ人です。大学を出て広島のフタバ図書に入社し、店舗の売り上げを伸ばすなどして、成果をあげた実績を持つ。その後、丸善に入り福岡ビル店や京都河原町店などで働きキャリアを重ね、さらにそこから藤坂さんは、なんと児童書出版社の偕成社で販売部長をし、60歳になり偕成社を退職。株式会社図書館流通センターに入り、司書の資格を取り、今は名古屋市守山図書館と志段味図書館の館長をしている多才な人なんだ」

# タブレットの電子教科書が子どもの紙の本離れを引き起こす

名古屋市守山図書館・志段味(しだみ)図書館館長　藤坂康司

――今の本屋へのメッセージを聞かせてくださいますか？

**藤坂**　書店員の多くは売りたい本を売るために本屋で働いているはず。それにもかかわらず、本の仕入基準を本そのものの魅力よりも出版社や取次から提示される仕入・返品条件で決めさせられてはいないのでしょうか？　多くの本屋が出版社の人気本の配本を優遇してもらうために本を売り、取次の返品抑制施策に従いながら書店経営をし、中には取次の傘下に入らざるを得なくなった本屋も増えてきた。小売りが問屋（取次）の言いなりにならざるを得ない業界になったように思えます。

――そうですね。トーハンも日販もＰＯＳデータが整備され全国の販売データが必要な形でシステム的に明示されるようになっています。藤坂さんのお話は、それで本屋は発注や返品までも楽になり作業コストの軽減に貢献しているけれども、本屋がそのシステムを使うようになって、自分たちの考えやセンスを活かして品揃えできなくなっている本屋への警鐘ですね。

**藤坂**　そんな本屋には独自性と主体性が失われています。今の本屋は本好きの人に目を向けなくなり、本屋と読者が離れていってしまっているのではないでしょうか？　**この業界は本屋で働く人々の熱意を奪い続けてきたのではないでしょうか？**

――出版界への「寸鉄、人を刺す」言葉ですね。他にも藤坂さんは、「学校の先生が本を買わなくなった」ことを心配しておられますが、その点についても聞かせてください。

**藤坂**　図書館で働いていて実感します。それに加えて、これから急速に普及するタブレットでの電子教科書が子どもたちの紙の本離れを引き起こすことも心配しています。町の本屋が消えつつある中で、子どもも大人も気軽に本と出合える機会が失われています。本好きはどこへ行けば良いのでしょうかね？

## 小島の解説

　藤坂さんに理想の本屋像を語ってもらうと、目を輝かせて語ってくれました。「見たこともない本に出合う、店長と話がしたくなるようなファンができるお店、お客様同士もＳＮＳでつながり合える本屋。大型書店では満たされない50坪程度で店長の目が隅々まで届くサンダル履きで行ける地域のコミュニティーとしての『居場所としての本屋』だと話してくれました」

この話は図らずもマーケティング理論に沿った話にもなっていました。それは、店と顧客の双方向性を確保するインタラクティブな仕掛け（SNSで繋がる）。デジタルに依拠しながらも表面はヒューマンであること（店長の目が届く）。顧客の期待に少しだけ超える品揃え（見たこともない本）。滞在時間を長くするコンフォートゾーンとしての小売り空間（居場所としての本屋）です。

最後に藤坂さんは、「最近、意欲的な若い人が始めた小さな個性のある独立系書店が増えているんだよね」と話をしてくれました。しかしながらビジネスとしての本屋に関心があるものの、独立系書店には興味を持てない私に対して藤坂さんは取材後、どっさりと独立系書店のデータを送ってくれました。今の本屋に一番厳しい藤坂さんこそが本当は本屋の未来を誰よりも信じている人なんです。

「聡くん。藤坂さんの話をどう聞いた？」

「経歴も凄いけれど、見識の深さや未来を見つめる目の確かさにも驚かされたよ」

「そうだね」

「特に藤坂さんの理想の本屋像は、とても魅力的だね。これを実現する方法はないものだろうか?」

「そんな〝本好き〟の人の希望を満たしてくれる本屋がこれからの本屋の生き残る道の一つかもしれないね。だからこそ、藤坂さんは個性を活かしている〝独立系書店〟を応援されているのだと思う」

「ところで藤坂さんが館長をされている図書館についても聞かせて?」

「毎週末には本に関するイベントが開催されていたよ。だからこの本ができたら藤坂さんは叔父さんを図書館のイベントに呼んでくださるそうだ」

「そりゃ良いね。ところで、叔父さん。これだけ全国の本屋を飛び回っているのだから、同じくらいに素敵な飲食店も知っているでしょう? それも普通のお店じゃなくて特徴的な飲食店で**書店ビジネスにも参考になるお店**を教えてくれないかな?」

「分かった。取って置きのお店を紹介しよう。生まれ故郷の博多のお店と今住んでいる松山のBARを1軒ずつだけ特別に教えてあげよう」

「博多は**中洲の人形小路(にんぎょうしょうじ)にある『味噌汁田(でん)』**だな」

「博多ラーメンの店じゃなくて?」

「そんな店はどこにでもあるさ。ここはジャズベーシストの田口隆洋さんと寡黙なご長男の周(しゅう)さんでやっているお店なんだ。この店の黒板に書いてあるメニューはどれもこれも旨くて選ぶのに苦労するけれど、叔父さんの一番のお勧めは『炙りしめ鯖』だな。数々の料理をお酒と共に頂いて、最後の締めは様々な具材を組み合わせて味噌の配合も変えてある絶品の味噌汁を16種類の中から選び、日替わりの味ご飯か白ご飯を食べる至福の時間が待っている。この地で40数年もの間お客様の心と胃袋を摑んで離さないお店で、値段も庶民価格で女性の一人客も立ち寄る安心のお店だよ」

「博多に行ったら絶対に行ってみたい！」

「松山は、**三番町にあるミュージックBAR　JOJO**(ジョジョ)だな。松山には64年間続いた伝説のBAR『露口』があったのだけれど、2022年9月に惜しまれながら閉店してしまったんだ。その後を引き継ぐのは、この店だと思う。バンドマンでマスターの黒川幹文さんのビートルズ好きが高じて始めたミュージックBARなんだ」

「どんな特徴があるの？」

「ここに置いてあるレコードとCDで数万曲の音楽がある。その範囲はクラシック、ジャズ、ポップスからフォークソング、昭和歌謡まで揃っている。お客が曲を頼むとマスターが記憶している膨大なコレクションの中から探し出し、すぐに見つけてくれて曲がかかる。スピーカーも希少価値のパラゴンが置いてある。お客はその日の気分に合わせて曲をリクエストするんだ。誰にでもある想い出の曲が聴ける心地の好いお店がJOJOだよ。気さくなマスターとお客との会話も楽しみの一つなんだ。お客の希望に合わせてフルーツを目の前で生絞りして作ってくれるカクテルも抜群に旨い。長年通うファンも多い」

「行くのが楽しみなＢＡＲだね」

「開店当初は、ビートルズの曲が中心だったお店がお客様のリクエストに応えているうちに、レパートリーが広がって、こんな素敵なお店になり、２０２３年には創業25年になったんだ。顧客ニーズを大切にして自らを変えてゆくことで商売が継続できる証拠だと思う」

「ＪＯＪＯは人の心が癒される時間と空間があるお店なんだね。僕は今夜、松山泊まりだから、連れて行ってね」

「一緒に行こう！」

「叔父さんは、なぜこの二つのお店を紹介したの？　本屋には、どんなヒントになる？」

「飲食店は数多くの競合店がいるレッドオーシャン戦略で血みどろの戦いをしているけれど、紹介したお店のように特長を出せば競合のいないブルーオーシャン戦略で悠々と戦える」

「本屋では、何かのジャンルに特化した特長のある本屋ってある？」

「絵本専門店くらいかな？」

「その絵本専門店はどんな状態なの？」

「絵本専門店をやろうと思う人は意外とおられるのだけれど、商売としては成立していないのが現状だと思う」

「叔父さんは絵本専門店だけじゃなくて、ビジネス書専門店や文芸書専門店、料理書専門店もあって良いと思うんだ」

「それって、どれも本屋としての商売にはなりにくそうだよ」

「そうだね。本だけを売っていたんじゃ無理だろうね」

「じゃあ、どうするの？」

「本を入り口とした有料イベントやセミナーを本屋が主催する」

「具体的には？」

「絵本専門店は読み聞かせだけじゃなくて、レゴを使った有料知育教室。ビジネス書専門店では、著者を呼んでの有料ビジネスセミナー。文芸書専門店では、著者を囲む夕食会を開催し読者と著者が本について語り合う。料理書専門店では、著者に来てもらって実際の料理体験や料理教室。本を入り口としてお客様に体験を売るようにすれば本屋の収益性は格段に上がると思う」

「面白そうだね。でもそのビジネスは、専門店でなくてもどこの本屋でもやろうと思えばできるね」

「実は、そうなんだ。読者の信頼を得ている本屋だったら、どこの本屋でも始めることはできる。本屋はある意味でお客様のニーズについて本を通じて分かっているのだから、その先まで商売にすれば、道は開けるし、出版社もきっと協力すると思う。誰か始めてみようと思う本屋や取次はいないかな？」

# 第23話 書店店頭広告ビジネスの儲け方教えます

「アイデア豊富で少し変わった、出版界の夢見る変革者を紹介するね」

「叔父さんが言うくらいだから、相当に変わった人だよね」

「まあ、そうだな。その変わり具合は、彼の理念だけでも分かると思うけれど、その発想も極めて斬新で停滞する出版界に知ってもらいたい話だよ」

「どんな人なの?」

「〝表現の自由で世界を解放する〟〝出版界を3兆円産業にする〟(2022年時点1兆2千億円)。この理念と理想を一貫して語り続けるのが津嶋栄さん。中堅の出版社で編集と営業を長く経験し、今は独立して小さなビジネス書出版社であるフローラル出版の経営と小さな書店(ふたば書房八条口店50坪)の運営受託をしている。

# 書店の店頭には宝の山が埋まっている

日本経営センター代表取締役　津嶋　栄

――津嶋さんの出版ビジネスの捉え方は斬新ですね。その発想について聞かせてください。

**津嶋**　どんな業種のメーカーも製品を作るのは、その会社の社員の場合が多いですが、出版社は違います。社外の人間である著者が原稿を書いています。厳しい出版社事情の中でも、今後の出版社に求められるのは、その著者を通してコンテンツの価値を高めるスキルであると考えています。

――これだけ本が売れなくなると著者も印税だけで食べていくのは難しくなっていますね。出版界は本屋の危機はもちろんですが、供給側である著者の執筆活動にも支障が出てきている現状は、どうやって打開してゆけば良いですか？

**津嶋**　出版社は時間とお金をかけて、著者が書いたものを本にしていますが、その関係が本の出版だけで終わっている場合が多いです。これからは〝出版社が著者をプロデュースする〟することが求められるでしょう。例えば人気作家や話題のビジネス書の著者を有料講演会や研修講師として登壇してもらったり、有料のオンラインサロンを作って課金するなどして、〝著者と出版社の関係をビジネスパートナーとして再構築する〟。そんな意識がとても大切になるでしょう。

――この成功のポイントは何ですか？

**津嶋**　このビジネスは、紙の本だから可能になると思います。電子書籍にはない権威性を持っていますから。

――出版社が取り組むビジネスはほかにはありますか？

**津嶋**　海外へのビジネスは、有望です。これまでのように版権売買で終わらせずに、日本の出版社がそのクオリティーの高さを武器に自らがＡＩで翻訳刊行して、ネット上で売ってゆくことができると思います。

――本屋の受託運営もされていますが、本屋が本来持つ可能性についてはいかがでしょうか。

**津嶋**　本屋には、人が集まってきやすい、地域での信頼感がある、歴史がある、価格と品質に信用があるなどの強みがあります。実際に京都のふたば書房八条口店で行っていることですが、書店への読者の信頼性をベースにしたサイネージ広告による収益モデルには将来性を感じています。

――サイネージ広告は大手書店でも手掛けていますが、どんな将来性があるのでしょう？

**津嶋**　広告主のターゲットをこれまでのように出版社に限定せず、地元の一般企業や大手企業にも広げています。その上でその広告主の物販も本屋で行い、スペースを賃貸もしています。

――本屋店頭広告が儲かるビジネスになるという話ですね。

**津嶋**　そうです。自分がエージェントとなって1社で月数万円のサイネージ広告のクライアントを最大100社の枠で集めることができると考えています。希望する本屋には1台設置で月数万円を設置料として支払い、設置費用はエージェントが負担するので、本屋にイニシャルコストはありません

――書店が持つ集客力の高さを活かしたビジネスですね。サイネージ広告の効果を実感されたことはありますか？

**津嶋**　典型的な事例としては、募集に苦労していたアルバイト募集告知です。それまではSNSやポスターなどで募集していましたが、人が集まらず苦労していました。それがサイネージでアルバイト募集の広告をしたところ、2名の募集に1週間で12名もの応募があり、その広告効果に驚きました。

――それは、凄いですね。物販スペースの賃貸についても聞かせてください。

**津嶋**　物販のためのスペース貸しは、設置場所で費用が異なりますが、1テーブルで数万円から最大10万円までの設定です。さらに売れた物の10%は販売手数料として受け取っています。本屋は、このビジネスモデルに対して口を開けて待つのではなくて、自らがエージェントになって広告も集めれば、大きな収益が期待できます。本屋は自分たちが持っているポテンシャルを再認識して行動に移せば、その未来は開けてゆくはずです。

## 小島の解説

書店でのサイネージ広告に興味を持たれた方は、津嶋さんに直接連絡されたら良い。

出版界で何かが始まるかもしれません。

アイデア豊富な津嶋さんに、出版流通への提案も聞いてみると、「とにかく、出版点数が多すぎる。出版界の販売額がピークだった１９９６年は年間６万３０１４点で売り上げが半減した２０２２年でも、６万６８８５点もある。新刊委託点数は淘汰されなければならない」

この事態を解決するための津嶋さんのアイデアは「取次から書店への初回配本は、最初に一部の大型店とトーハンと日販の直営店の限定された店舗でテスト販売を行う。一定期間の販売実績が悪ければ委託配本せずに注文だけで販売する。逆に良ければ自信を持ってしっかりと委託仕入れして書店に配本する」というものだった。

この方法は、出版社がテスト店で自ら買い上げて販売を偽装する懸念があるから、店舗名は秘匿しておく必要はあるにしても『書籍のテストマーケティング』は考慮する価値はあるように思います。津嶋氏は、出版社にこんな提言もしています。

「出版社の編集は刊行点数ノルマではなくて、販売冊数（販売金額）で評価すべき。また、営業は書店からの受注数で評価せずに、担当エリア（店舗）のＰＯＳ販売数を基準にした販売実績で評価するほうが良いでしょう。こうするだけで、無駄な新刊も減って、押し込み販売もなくなる。この出版不況を脱するには、本屋だけでなく出版社の編集も営業も変わらなければならないと思います」

ある有名なビジネス書出版社は、編集者に対して販売金額を目標設定する方針転換を行い、編集がクオリティーを追究するようになりました。その結果、ロングセラーが増え出版点数を減らしても売り上げは大きく伸びる結果になり、業績が急回復したそうです。この方法が万能とは言いませんが、出版界に広がらないものでしょうか？


「聡くん。津嶋さんの話をどう聞いた？」

「そうか、旧態依然とした出版界は逆に伸びしろの塊なのかもしれないね。ところで、書店店頭広告の価値と可能性はどうなんだろう？」

「日本全国の書店への1か月の来店者数ってどれくらいだと思う？」

「見当もつかないよ」

「全国の書店全体で概算で毎月5000万人以上のお買い上げがある」

「そんなに！　算出根拠は？」

「叔父さんが経営していた明屋書店の1か月のレジ通過客は約60万人。コンビニやネット書店を除く明屋書店の書店販売のシェアは約1・2％だから、計算するとこの数字になる。出版界の年間売上額から客単価で逆算しても、そんな数字になる。しかも、これは購入客数だから、その倍はいる立ち読み客を考えると日本全体で毎月1億人の人が書店に立ち寄っていると考えて間違いじゃない」

「それは、凄いね！」

「しかも、その方々は一定以上の知的好奇心を持つ消費者という特長があり、店内滞留時間もコンビニなどの他の小売店に比べて格段に長いので、書店店頭は広告ビジネスとして価値は高いんだ」

「でも、誰も本格的に取り組んでこなかった」

「あとは、実行だと思う。書店は誰かがやってくれるのを待つのではなくて、自らが新しいことにチャレンジすることだよ。それこそが本屋の生き残る唯一の道」

# 第24話
# 気分がアガる場所としての本屋

「聡くん、書店の現状に対する作家の方々の話も聞いてみたくないかい？」

「ぜひ、聞きたい」

「この第24話では作家で人気コピーライターでもある川上徹也さん。次の25話では直木賞作家の今村翔吾さんの話を聞くことにしよう」

「作家先生に出版流通や本屋の実情って分かるのかな？」

「本屋好きの作家は多いけれど、本屋のために具体的な活動をしている両横綱は、この本で紹介するお二人、東の川上徹也さんと西の今村翔吾さんだよ」

「へー、そうなんだ」

「川上徹也さんの著作は50冊、海外への翻訳も26冊（2024年3月時点）。大阪大学人間科学部卒。『物語』の持つ力をマーケティングに取り入れた『ストーリーブランディング』という独自の手法を開発した第一人者として知られ、様々な企業や団体のブランディングサポートや広告・広報アドバイザーを務めているよ。現在は「企業」「団体」「地域」などが本来持っている価値を見える化し輝く方法を、個別のアドバイスや講演・執筆を通じて提供しているそうだ。

叔父さんが好きな川上さんのコピーライトは、「3位じゃダメなんです。」だよ。彼の母校大阪大学の広告に彼が考えたものだけれど、ユーモアたっぷりで秀逸だと思う。このほかにも関西の有名私大を表す「関関同立」のルーツを当時の受験雑誌から調べるなどして、その守備範囲は幅広いんだ。叔父さんが社長をしていた明屋書店には企業理念『書店の力で街を明るくします』の言葉を贈ってもらったんだ」

## 唯一無二の本屋になるストーリーブランディング

作家・コピーライター　川上徹也

――川上さんは印刷工場から取次の仕入部数決定の現場までを知る稀有な作家で、その上に各地の特徴的な本屋との交流も広く現場を知り尽くしています。川上さんは人間の行動経済学を考えておられますが、そんな観点から本屋の魅力を再構築するためのヒントを聞かせてもらえませんか？

**川上**　人が買い物をする時、「理性的消費」と「感情的消費」に分けられます。日常生活ではコスパ重視の「理性的消費」が多くても、旅行先でお土産を買う時や推しのアーティストやスポーツチームのグッズを買う時は「感情的消費」をします。ネットやSNSがなかった時代、本屋に行くと知らない情報がありワクワクしました。つまり「感情的消費」の場だったのです。しかし今や多くの人にとって普通の本屋はワクワクする場ではなくなってしまいました。

——本屋は、どうしてゆけば良いですか？

**川上**　私が本屋に望むのは、もう一度そこに行くだけでワクワクする「気分がアガる場所」になってもらうことです。昔は本が多くあるだけで気分がアガったが、今は本だけでは難しい。「写真映えする空間」「店主のキャラクター」「見たこともないフェア」「独特な接客」「偶然の出逢いを演出」「POPなど売り手の熱量」など、お客さんの気分をアゲる方法は無数に存在します。そこからその店ならではのストーリーを組み立てていくことで、唯一無二の本屋になるストーリーブランディングが求められているのではないでしょうか？

——ストーリーブランディングを考える課題はどうやって解決し、実現してゆくのでしょうか？

**川上**　もちろん個々の本屋が努力することが基本ですが、現実的には難しい。私は**出版界全体への視点を持ち、人材のリソースがある取次**が、この**役割を担う必要がある**と**考えます**。トーハンさんも日販さんも今は本屋のディレクターですが、これから取次は**本屋**のプロデューサーとなって、**もう一度本屋「気分がアガる場所」**にしてほしいと**切に願います**。

## 小島の解説

川上さんと私の縁は、明屋書店の経営再建に取り組んでいた私が川上さんの著作『物を売るバカ』（角川新書）を読み感動し、一面識もない中で「四国に来て店長研修をお願いできませんか」と連絡した時から始まります。その経緯は『1行バカ売れ』（角川新書）の「おわりに」にも書いて頂いて恐縮するばかりです。川上さんは、研修を快諾してくださったが、その後も各地で出版界向けの講演会や研修もされています。拙著『会社を潰すな！』（PHP文庫）では巻末で解説まで書いてくださり、人生のご縁の不思議を感じます。

川上さんの著作『仕事で大切なことはすべて尼崎の小さな本屋で学んだ』（ポプラ社）

は、兵庫県尼崎市の小林書店をモデルにしたノンフィクション&ノベルで、同時期に小林書店を舞台に製作されたドキュメンタリー映画『まちの本屋』とともに話題を呼びました。

川上さんの研修を受けた明屋書店の店長たちは大きく成長して業績回復に貢献してくれました。

川上さんは静かに世の中を変えてゆく力がある人です。川上さんの思いがどこかで形になり本屋に希望の光が見えてゆきますように!


「聡くん、叔父さんには川上さんのお話は、上智大学教授でトーハンの社外役員の柴野京子氏が言われる本屋を『購書空間』としてとらえ直す考え方に通じているように感じるな」

「それって何?」

「要約すると『購書空間』とは、書店は単なる売り場ではなく、そこに足を運ぶだけで楽しくなり、誰でも本を手にとってパラパラと見ることのできる場所であり、書店の場は『本』が引き受けてきた多様性が受け継がれるべき場所として一つの『メディア』でもあるいう主張」

「ふーん」

「書店は単に、本を売り買いするだけの場所ではなく、一種の『メディア』であったという話には、聡くんは違和感を持つかもしれないけれど、叔父さんには書店の存在意義を考える時の重要なヒントになると思う。川上さんも柴野さんも、それぞれの言葉で新たな本屋の在り方を語ってくれている気がするよ」

# 第25話
# 「直木賞作家」今村翔吾が見据える先

「次は、直木賞作家で本屋もやっている今村翔吾さんの話を聞くことにしよう」
「作家なのに本屋もやっているって珍しいよね」
「そうだね。それに今村さんはメディアでも積極的に様々なことを発信されている方だから、本当に貴重な話が聞けたよ」

今村翔吾さんは実に不思議な人です。作家が本屋を始めたことばかりが注目されますが、それは今村さんの幅広い行動の一部に過ぎません。正直に言って私は今村さんの話を聞くまで人気作家が勢いで本屋を始めたものの「武士の商法」で困り果てていると思っていました。

今村さんは2021年11月（直木賞受賞の直前時期）に大阪府箕面市の駅前商店地区で小さな本屋（きのしたブックセンター）を事業継承しました。話題を集めたこの本屋は直木賞受賞後にメディアでも数多く紹介されました。これでやめると思っていましたが、2023年12月には懲りもせず、佐賀への恩返しとしてJR佐賀駅内に「佐賀之書店」を出店したのです。しかも、きのしたブックセンターは、収支トントンで佐賀之書店は利益を出しているそうです。

今村さんの話を聞いて驚いたのは、彼が書店のB／S（貸借対照表）とP／L（損益計算書）とキャッシュフローを毎月見ていて、採算分岐点も意識した家賃交渉や経費管理が見事なものだったことです。そして今村さんの口から「売上高対人件費比率」（売上高に対する人件費の割合で、書店経営においては重要な管理項目）の数字が出た時、私は仰天しました。新人書店経営者で、このレベルの人は希少ですから。

今村さんが図書館問題を話す時には、TRC（図書館流通センター：図書館に本とデータ等を納品している会社）の存在を理解されていましたが、こんな著者はほかにはいないでしょう。今村さんは著者として出版の入り口に立ち、書店経営者として出版の出口にも立ち、そこから出版界全体を俯瞰して見ようとしています。

# 私が標榜（ひょうぼう）するのは菊池寛です

直木賞作家　今村翔吾（いまむらしょうご）

――出版界の現状を知悉する今村さんから出版社、書店へのコメントをお願い致します。

**今村**　出版社・書店というカテゴリーは粗雑すぎると思います。出版社も大手と中小では収益構造が違い過ぎるし、書店も大手書店と地方書店では資本力に差があり過ぎて課題も異なるので、その解決のための処方箋も違ってきます。本屋が扱うべき本と相性の良い商材は何なのか？　ガチャガチャやトレカは売り上げも上がり利益も出せますが、安易に飛びつくとレンタル導入の失敗を繰り返すことになると思っています。

――なるほど。

**今村**　ポジショントークと取られては困りますが、作家の数が多すぎて、出版社は作品を粗製乱造していないのかと思います？　ある大手出版社の編集者が担当する作家が50人近いと聞いていますが、それは作家を育てるというよりも使い捨ての対象にすることになる。これでは良質な作家は育たないのではないでしょうか。

――確かに人気のある作家は少なくて、作品が粗製乱造された出版界は、その売り上げ規模に対して新刊点数が多過ぎますね。

**今村**　作家はどこの出版社からでも本を出すが、出版社と作家が1年間から数年間の期間の専属契約を結び、出版社は契約期間中に最低保証の固定報酬を作家に出して、本が売れたらその分は多少低めに設定する印税率を支払う形にする。こうすることで編集が真剣に作家を育てる努力をし始め、作家も売れるために真剣に原稿に向き合う。結果の出ない作家は契約が更新されないことを脅威に感じて仕事に向き合い、結果を出す作家は固定報酬の増額や印税率アップを獲得しても良いし、さらに条件が良い出版社があれば移籍もする。こうして作家としての矜持（きょうじ）を取り戻す。

――作家と出版社を固定化する土壌はコミックにはありますが、それは編集者と作家の信頼関係だけであって契約関係ではないし、文芸書やビジネス書や実用書で、こうした強固な関係は見かけません。作家と出版社の期間を定めた専属契約による強力な関係の再構築は、良質な作品を作り続けるためには必要な新たな方法に思えますね。

**今村**　何年も新刊を出していないのに作家と名乗れるのか？　プロならば出版社から指名を受けて、新刊を出せるレギュラーの地位を他の作家と奪い合うような仕事をしていたい。同時に出版社は、良質な本に見合う価格を設定して本の値段も上げてゆかなければならない。そして、その作家は出版社だけでなく取次も書店も「儲かる作家」として意識して、そんな作家を業界全体で育てるような出版界になりたい。今の出版点数の多さは出版界全体を疲弊させている。この現状を改革し再生するためには一旦、規模の縮小も必要なのかもしれません。

## 小島の解説

出版界の様々な集まりに呼ばれて発言する今村翔吾さんに直接お話を伺いたくて、一面識もない中でホームページから取材を申し込み、漸くアポイントが取れて、年末にこの本の最後の取材者として話を聞くことができました。本当にエキサイティングな取材の1時間でしたが、今村さんが「作家のための事務所を作りたい」と話された内容に私は大いに賛同しました。この話はお金にルーズな出版界への警鐘なのだと思います。

「作家が書店や図書館から呼ばれて行く時は、事前にはギャラが分からなくて帰りに交通費にもならない金額が渡されることがある。作家の中には『創作者はお金を口にしにくい』と言われる方も多いが、実際にはお金に納得されていない」

確かに「文芸文化はタダの風潮」が出版界にも読者にもあります。これを打破するために今村さんが考えているのは、作家仲間に成り代わってイベント主催者ときちんとビジネスとしてお金の交渉をする「作家のための芸能事務所」を立ち上げることです。私は膝を叩いてこの話に賛同したのでした。作家自身をコンテンツとすることは、出版界に残された収益のラストリゾートなのです。

音楽界においても70歳を過ぎたユーミンさんや山下達郎さんだって新作アルバムが出たら全国ツアーをします。出版界でも新刊が出たら著者は全国の応援したい本屋にビジネスをしに行きましょう！

もし、村上春樹さんが新刊を出して講演会をするとなったら新刊付き入場料５０００円を払う人が最低でも３０００人はいるでしょう。これで売り上げは１５００万円にもなります。実際の動員はもっと多い人数になるでしょう。私はこのイベントのプロモートを書店が担えば書店の新しい大きな収益源になると思っているので、いつか、今村作家芸能事務所とコラボできたら面白いでしょうね。

イベントプロモートする書店の詳細は第２部まとめ（１１３ページから１１８ページ）で書きましたのでご覧くださればと思います。いずれにしても、作家が印税以外でも利益を上げるようにすることは必要です。書店と同様に作家も大変なのです。出版界は本の入り口の作家と出口の本屋が危機に瀕しています。

今村さんは取材の最後にこんな言葉を残してくれました。

「今村がいたから出版界の未来が変わったと言われたい。私が標榜するのは菊池寛です」

　予想もつかない今村さんの行動を解く鍵はこの言葉に凝縮されているのかもしれません。私たちは「ビジネスとしての作家業」を経営する今村翔吾さんの行動からこれからも目が離せません。


「聡くん。今村先生の話をどう聞いた？」

「もしかして、叔父さんは今村先生と意気投合したと思ってない？」

「そりゃまあ、そうだな」

「叔父さんのほうが今村先生よりも年上だけれど、今村先生のほうがビジネスパーソンとして遥(はる)かに強(したた)かだと思うよ」

「厳しいこと言うなあ」

「だって、叔父さんはコンサルタントだけども実務を担っていないもの。今村先生は困難を承知で本屋を始めているし、さらに作家仲間のためにも立ち上がろうとしているよ」

「確かにそうだな」

「出版界、特に本屋に残された時間は少ないよね。口先だけじゃなくて、今村先生のように行動する者だけがこの出版界を変えてゆけるのだと思うよ」

# 第26話 出版界のマーケティング3・0

「ここからは、出版社の人の話を聞いてゆこう」

「どんな人が話をしてくれるのかな？」

「出版社で責任のある立場の方々からの様々な書店への提言があるよ。最初はポプラ社の千葉均会長の話から」

「書店の人にも取次の人にも有意義な話になりそうだね」


『かいけつゾロリ』、『ズッコケ三人組』などのヒット作を連発する児童書出版社ポプラ社の千葉均さんは出版社の社長経験者として、かなり異色の経歴の持ち主です。東大を出て生命保険会社に入社した後、シンクタンクや野村総研・野村証券で仕事をし、コンサルタントとして独立します。その当時ＣＦＯ（財務担当責任者）を探していたポプラ社を知人から紹介され入社します。出版社が書店の利幅改善を公式の場で話すことは勇気がいることだけど、千葉さんは2023年秋の東北トーハン会の来賓あいさつで、そのことを書店の前で口にしたと聞いています。

## 出版社、取次、書店だけではなく、著者、読者、物流までの連携を

ポプラ社取締役会長　千葉　均（ひとし）

――千葉さんが考えておられる出版界の危機についてお聞かせください。

**千葉**　出版界では普通の経済合理性が発揮されていません。出版界は小さな市場に過ぎないにもかかわらず、主なプレイヤー三者（出版社・取次・書店）が協力し合えていない。誰かがリーダーシップを発揮してほしい。書店の経営も厳しいが、中堅出版社も経営を持続できない状況に陥りつつある。**重要な販売拠点である書店の存亡は中堅出版社にとっても死活問題**です。再販制度で価格決定権のある出版社の責務として、出版社だけでなく出版界全体のプレイヤーが利益の出る本の価格にする必要がありますが、本を買うことが多くの消費者にとっての通常行動ではなくなっている現実も私たちは、認識しておかなければならず、取引条件そのものを見直す必要があります。例

えば、書店さんは、出版社が良い条件を出せば、その出版社の本を他社に対して優先的に販売してくれますか？

――書店経営者や本部は良い返事をしても、書店現場では良い条件だからといって、その本が優先的に販売努力されることはないでしょうね。

**千葉**　出版界の連携は出版社、取次、書店だけではなく、著者、読者、物流まで含まれていると思います。この連環の一番弱い誰かに苦しみを押し付けると全体が弱くなると思います。だから**書店の利幅改善は絶対に必要**と思っています。書店側も書店の利幅改善に取り組んでいるかどうかで出版社を選別するという意識が必要だと思います。

――ロングセラーの買い切り条件発売についてはいかがでしょう？

**千葉**　具体的にどんな方法があって、いつからどの銘柄でどこと始めるのかを決めてゆかなければなりませんが、大いに実現性はあります。買い切り条件ならば、現場のほうも売る努力をするようになるでしょうね。

――そうですね！

**千葉**　先ほどの連携の話の続きですが、出版界は今の読者のみならず潜在顧客にも視野を向け〝**読書文化をブーストする仕組み**〟を構築していかなければなりません。それは著者、読者、書店員、編集者、著名人などの広義のインフルエンサーの活躍も必要ですが、直接的には家庭・学校・図書館での本との出合いから始まります。今の日本で資金が出せて組織的な図書購入を推進できるのは国と大企業です。ここから図書市場へ資金を流入させる必要があります。図書カードを配布した自治体もあります。子どもを大切にしようとする国の施策に出版界も乗ってゆきましょう。

——それは、2024年3月にできた経済産業大臣直属の「書店振興プロジェクトチーム」が求めている方向にも一致していますね。

## 小島の解説

表題の〝マーケティング3・0〟は千葉さんが口にしたものです。自社のことを優先して考える製品志向の〝マーケティング1・0〟。そこから視野を広げユーザーを優先する顧客志向の〝マーケティング2・0〟に続くもので、社会を豊かにする人間志向の考え方です。千葉さんが出版界に求めるマーケティング3・0の考え方は、

「人は読書する営みを通して歴史や世界や最新テクノロジーや思想と繋がることで社会を豊かにする」という信念に裏付けされたものだと思います。

これは、本書で大垣全央社長が言われた「本屋が本の力を信じないでどうする!」に通底するものです。売り上げがピーク時の半分になった出版界でも、そこに籍を置く者は等しくすべての者が本の力を信じているはずです。この原点に立ち返る時に〝出版界がマーケティング3・0〟を指針とすることには大いに意味がある気がします。

「聡くん。千葉さんの話を聞いた叔父さんが反応し、二人がインスパイアした話をするね」

「自慢話なら聞きたくないよ」

「まあ、最後まで聞きなさい。ポプラ社に『ティラノサウルスシリーズ』の本があって、もの凄く売れているのだけれど、どれくらい売れたと思う?」

「そんなに売れたなら100万部かな?」

「ハズレ! 何と2000万部」

「その数字って信じられない」

「それは著者の宮西達也さんが、自らも中国で販売努力をしてポプラ社の現地法人と組んで爆発的に売れたそうだ」

「それで、叔父さんがインスパイアされた話って何?」

「子どもの本の専門出版社の集まりである『児童図書十社の会※』で、ジャパンクオリティーの絵本を海外向けに製作し、十社の会海外専用サイトを構築して外国の子どもたちに向けて販売するプラン」

「版権ビジネスではなくて?」

「そう、現地の言葉で書かれた絵本を自分たちで翻訳・製本・販売する。製本自体は製作コストが安いベトナムで行う。著者も現地に行って宮西さんのように精力的に現地の子どもたちと関わる」

「海外の市場は、もしかすると国内では苦境にある出版界に残されたラストリゾートかもしれない。絵本だけでなく他のジャンルにも商機はありそうだね」

※ あかね書房・岩崎書店・偕成社・Gakken・金の星社・国土社・小峰書店・童心社・ポプラ社・理論社・ほるぷ出版の実際は11社が学校図書や公共図書館への販売を共同で行っている団体で2024年には50周年を迎える。

# 第27話　書店と出版社の新たな関係の構築

「叔父さんが一番好きな出版社の社長さんのお話を聞くことにしよう」

「どこの出版社なの？」

「河出書房新社の小野寺社長」

「へー、どんな話が聞けたの？」

「ビジネスの王道である『着眼大局、着手小局』だったね」

「その言葉ってどんな意味？」

「これには、二つの意味があって、一つは大きなことに着眼し小さなことから実践する。もう一つの意味は、小さなことまで拘りぬくことで全体の完成度が高まる。さあ、小野寺社長の話を聞いてみよう」

河出書房新社は創業１４０年にならんとする老舗の文芸出版社です。小野寺優社長は、書店の現場を深く知る数少ない出版社の社長であり、出版社を横断する一般社団法人である書協（日本書籍出版協会）の理事長でもありますが、この日は社長でもなく理事長でもない小野寺さん個人の見解で話を聞きました。小野寺さんは入社後営業を13年、編集を10年経験した後２０１１年に社長に就任しています。

# 『サラダ記念日』はいまでも毎年3万部も売れ続けている

河出書房新社（かわでしょぼう）　代表取締役社長　小野寺　優（まさる）

――出版界の現状と課題について聞かせてください。２０２３年の書店店頭売り上げは、相当に厳しい状況にあります。何よりも書店への来店客数の低下は日本社会の危機と言えるかもしれません。この原因は書店自身に魅力がなくなったからなのでしょうか、本というコンテンツを読者が見放しつつあるからでしょうか、あるいはその両方なのでしょうか？　小野寺社長からご覧になって、どんな風にお考えですか？

**小野寺**　様々な努力をしている書店、魅力ある書店はたくさんあります。現在の厳しい状況を書店のせいだけにはできません。むしろ、出版界全体の構造問題なのではないでしょうか。

――構造問題にはどんな問題がありますか？

**小野寺**　一番は物流問題でしょう。いわゆる２０２４年問題や物流経費の高騰が問題になる中、物流の効率化は重要な課題です。当然のことながら、過剰な返品なども皆で減らす努力をしなければなりません。ただ一方で、売り上げの確保も重要です。返品減少だけを重視して送品を減らせば返品の絶対額は減るでしょうが、売上高も下がってしまえば、物流効率が良くなったとしても出版社や書店は経営を維持できません。

また、極端な送品減の影響で本の製作部数が下がれば、お支払いする印税も減り著者の生活にも影響します。書店店頭で本と読者が思いがけぬ出合いをする機会も減るかもしれません。それは著者にとっても読者にとっても不幸なことです。

適正な返品と売上高のバランス、マージンの配分バランスなど、現在の出版状況に適した構造を見出さねばなりませんし、それを考える時に著者と読者を置き去りにしてはいけないと思います。ただ、本を読者が見放しつつあるとは、私は思っていません。それよりも「書店」という本と接する場所が減っていたり、本の情報が潜在的な読者にきちんと伝わっていないことが問題なのではないでしょうか。

実際、映像化やSNSなどによって、普段書店に足を運ばない人たちに本の情報が伝わると、爆発的に売れることが今もあるわけです。だから、書店を減らしてはいけないし、潜在的な読者に本の情報を伝える手段について私たちは考えなければならないと思います。

**——書店に来ていない人への情報発信の仕方によっては、書店への読者の誘客にはまだまだ余地があるということですね。ほかにも、課題や新たな取り組みはありますか？**

**小野寺**　気になっているのは売り上げにおける新刊の依存度が高くなっていることです。当社で言うと約30年前、新刊と既刊の売上構成比は新刊3割既刊7割くらいでした。これが最近は新刊6割既刊4割になっています。

読者が書店の棚からじっくりと既刊を選ぶことが減り、新刊に頼らざるを得なくなったからですが、売り上げの多くを新刊で賄おうとすると、マンパワーの面でも、経費面でも限界がありますし、ベストセラーがないと業界全体が苦しいということになってしまいます。

**——この現状を打破する「既刊の新たな取り組み」は考えられないでしょうか？**

**小野寺**　例えば、当社で刊行している俵万智さんの『サラダ記念日』は累計で280

万部のベストセラーですが、今でも毎年3万部も売れ続けています。昔より減ったとはいえほかにもロングセラーはありますし、どの出版社にもその可能性を秘めた既刊があると思います。既刊であれば、書店もその本の力を知っていますし、出版社もある程度、原価を回収していますからマージンを出しやすい。そういった既刊を買い切りや一部返品許容など条件を決めた上で、書店の目利きで仕入れてもらい、出版社は卸し正味を下げて納品するなんて、どうでしょうか？

――なるほど、面白いですね。

**小野寺**　読者にとっては既刊も新刊もないわけですから、書店は自店にあった既刊を新刊同様に平積みし、出版社も可能ならセールスプロモーションや広告を展開して広く読者に報知する。そういった既刊の販売ができれば、出版社は低正味ではあっても返品リスクを恐れることなく既刊を送品することができますし、書店には在庫リスクはあるものの、ご自身の力で多くのマージンを得る可能性が生まれます。

もしかしたら書店店頭が今よりバラエティに富むことになり、読者も楽しいかもしれません。あくまで一案ですし、実現させるには障壁もあるでしょうが、お互いに話し合ってそういう取り組みができないかな、などと考えています。

——実現したいプランですね。

**小野寺**　先日、ある記事で読んだのですが、アメリカのZ世代の若者は〝デジタルデトックス〟として紙の本を好んでおり、そのせいで紙の出版物の売り上げが急増しているのだそうです。一時激減したリアル書店も再び息を吹き返している。

日本でもアメリカでもアナログレコードが売れているそうですが、人にはアナログメディアが必要なのです。そして、**書店には人と本との偶然の出合いを作る力があります。**『推し活』に象徴されるように、今の若者は本当に価値があると感じたものには、お金を使います。我々出版社は紙の本の価値を読者にもっと感じてもらわなければなりません。

## 小島の解説

昨年、河出書房新社は「スピン」という4年間限定の季刊文芸誌を創刊しました。この雑誌は紙の商社の協力を得て、毎号、表紙と目次の紙を変え、その名前を記載し、紙についての連載もしています。すると、創刊号の1万部がすぐに売り切れ、同数重版したが、これも完売。これは異例の売れ行きです。

直近の5号になっても初版1万9000部が実売率90％前後で推移しているそうだ。

連載している執筆陣も豪華だが、紙についてのこだわりも若い読者を惹きつけていると小野寺さんは言います。この話には紙の本が持つ可能性が語られている気がします。紙の本が持つ手触り感覚には人を安心させるものがあります。


「聡くん。叔父さんが一番好きな作家が誰だか知ってる?」

「この部屋の本棚にある黄色の箱に入った『高橋和巳全集』の人かな?」

「そうだね。叔父さんは、学生時代に少しずつ買い揃えていったのだけれど、全部揃う前に書店では入手困難になってきて途方に暮れていた時に当時トーハンを担当していた河出書房新社の営業の瀧井さんに話をしたら、歯抜けだった巻数を全部持ってきてくれたんだ。新潮文庫で読んでいた高橋和巳の作品が全集で全部揃った瞬間だったよ」

「ふーん、それで?」

「それで?　どういう意味なんだい」

「僕も本は電子書籍ではなくて紙の本で読むよ。それでも紙の本は読めれば良いと思う。だけど改めて高額な全集を揃えて書斎に飾るのは時代遅れの趣味にも思えるよ。所蔵は図書館に任せれば良いと思う」

「そんなものかな?」

「これから、紙で作られた百科事典をどこかの出版社が作ると思う?」

「それは、ないだろうなあ」

「時代は変わってゆくからね。これから図書館と書店とブックオフと昔ながらの古書店の関係を本の神様はどこに導くのかな?」

「今回は、叔父さんが聡くんに教えられているな。神の手であるマーケットに任すだけが良いのか。業界関係者が何かしら介入したほうが良いのか? 改めて考えさせられるな」

# 第28話
# 次の時代への希望はある

「次は、出版社最大手の講談社の役員さんの話を聞くことにしよう」

「あの、講談社で叔父さんが門前払いもされずに講談社の役員の話が聞けたの？」

「まあ、そういうことだね。アイデア溢れる希望を感じる話だったから、お楽しみに」

## 出版界はタブーなき未来に挑戦しよう

講談社取締役出版営業局長　角田真敏（つのだなおとし）

※肩書はインタビュー時のもの

――角田さんは講談社の取締役出版営業局担当で、紙の本に関する売り上げと利益を担っています。その前はライツ・メディアビジネス部門で働き、紙の本以外の売り上げと収益の責任者でした。まず、書店の現状についてどう思われますか。

**角田**　書店さんの粗利を増やすことが大切なことは理解しています。そのような大きな変革がなされるまでは時間もかかることなので、講談社はまずコミックのフィルムパックや最近始めた文庫本へのパック等で書店さんの販管費である作業人件費や資材費用の削減に協力し始めています。これは、書店さんが個別に行うよりも出版社が製造時点で行うほうが出版界全体のコストも下がると考えてのことです。

――出版物にＲＦＩＤ（個体認識できるＩＤタグ）を添付して本の個体管理を推し進めているＰｕｂｔｅＸ（パブテックス）は講談社と小学館と集英社が丸紅と組んでできた会社ですね。配本精度向上のほかに書店さんでの万引き防止や在庫管理、店内検索にも使えるものという構想で進めていると聞いています。この会社についても聞かせてください。

**角田**　書籍の個体管理ができてトレーサビリティーが取れるようになると、書店さんでのマーケティングレベルが格段に向上します。**出版社と書店・取次とで合意できれば同じ銘柄で買い取り条件の割安で仕入れてもらうことも可能になります。**全商品の添付には時間がかかりますから、棚割りがはっきりしているコミックや文庫を先行させることで書店さんは利活用に前向きになってくださるでしょうかね？

——日販さんが2025年にローソン・ファミリーマートとの取引を中止することになりましたが、これについても聞かせてくださいますか？

**角田**　話の経緯には必ずしも納得がいっておりません。日販さんにも事情があることは十分に理解しています。赤字を垂れ流す訳にもいかないでしょう。日販さんも出版物を扱われている責任があるのですから、取引を中止するにしても手順が必要でした。まず、ローソン・ファミリーマートさんと条件も含めて話し合いをされ、次に出版社とも話し合いを進め、それも不調に終わり赤字解消が見通せないのであれば、仕方ない面もあろうかと思いますが、2023年初頭に外部からそんな話が耳に入り、その後、問い合わせてようやく事情を知りました。

——そうだったんですね。

**角田**　しかも当初は2024年から中止との話でした。取次さんがコンビニに少量の雑誌を発売日を守って個別に配送することが輸送コストを押し上げているのであれば、**雑誌発売日協定の見直しを検討する必要も感じています。**条件が整えばコンビニの雑誌を雑貨品と一緒に運んでもらうこともあっても良いかもしれません。

——今の出版界で一番の話題である紀伊國屋書店とTSUTAYAと日販が組んで立

ち上げた新会社の株式会社ブックセラーズ＆カンパニーについてどう思われますか？

**角田**　新会社のお話は、本をどんな条件で売るかのお話ばかりです。どんな本をどんな取り組みで売るかの話が全く聞こえてきません。何かを売ると決めるのであれば、この会社専用の本を作り、買い取ってもらって価格も自由につけてもらってこの会社の店舗で売るなんて発想も面白くないですか？

――それは、面白い発想ですね。取次についてはどうですか？

**角田**　どうか、本の仕入れと販売にもっと注力してください。取次さんの仕事がシステム化されて以前のようにどのように販売していくのかを議論する場が少なくなりました。取次さんとコンテンツでパートナーになってそのビジネスを書店さんで展開することを考えませんか？　２０２２年春にトーハンさんではコンテンツ事業部ができました。地域コミュニティーと自治体や地元メディアと書店さんが結び付くとコンテンツそのもので商売することができます。取次さんは、その良いコーディネート役になれるはずです。紙の本はもちろん、紙以外でも取次さんや書店さんと一緒にビジネスを興してゆきたいです。

## 小島の解説

自社のコスト削減の話は聞いても「出版界全体のコストを下げる」という話をほかで聞くことはない。さすが、出版界リーダーである講談社役員の発言でした。書籍や雑誌の販売が厳しくなる中でも、出版物と読者との出会いの場を守ろうとする講談社役員の気概を感じるのは私だけだろうか？　角田さんは終始穏やかな口調で紙の出版物と書店を守る明確な意思を表明し続けてくれました。

「買い取ってもらって価格も自由につけてもらって店舗で売るなんて発想も面白くないですか？」と言う角田さんの発言はブックセラーズ&カンパニーだけに向けられたものではなくて、すべての書店と取次に向けられている気がします。制度疲労を起こしている再販制度と委託制度の風穴は、こんなところから開けてゆけるのかもしれません。

角田さんのこんな自由自在な柔軟な発想は、低迷する出版界の未来に希望を抱かせます。

「聡くん。角田さんの話をどう聞いた？」

「こんな大手出版社の役員の方が、ここまで柔軟に考えていることに驚くばかりだよ」

「出版界改革のボールは講談社から取次・書店に投げられた気がする。あとは書店と取次のやる気と実行だな」

# 第29話
# 書店は出版事業の一番大切なパートナー

「最後は、集英社の会長の話」

集英社会長で一般社団法人日本雑誌協会（日本の雑誌を発行している主要な出版社の団体：略称は雑協）の理事長でもあり、多忙を極めている堀内丸恵さんに日本出版クラブビル内の雑協事務所で専務理事の鈴木宣幸さんと事務局長の山田英樹さんに同席してもらって話を聞くことができました。表題の「**書店は出版事業の一番大切なパートナー**」は取材のときに堀内さんが繰り返し口にした言葉です。

堀内さんは1975年に集英社に入社後、少年ジャンプをはじめとする集英社の綺羅星の如き各漫画編集部で活躍し、編集総務や人事担当役員を経て2011年に社長になり2020年から会長職に就いています。雑誌の世界で知らぬ者なしの立場にあります。

# コンビニに雑誌がなくなることは、雑誌ジャーナリズムの危機

集英社取締役会長　堀内丸惠（ほりうちまるえ）

――まずは日販のローソン・ファミリーマートとの取引撤退に関してお話を聞かせてくださいますか？

**堀内**　コンビニでの本の販売は雑誌が主力で、雑誌自身にとってもコンビニ販売が頼みの綱です。雑誌は、単体で儲からない場合もありますが、雑誌は出版社を支えるコンテンツを生み出す畑でもあるんです。雑誌は、どんなものに消費者がお金を払ってまで買ってくれるのかが分かるマーケティングの要素も持っています。

――雑誌コンテンツの2次使用やマーケティングとしての雑誌の意味付けは、大きいですね。

**堀内**　コンビニの雑誌コーナーは、**読者と紙の本の接点の場**として**重要な役割**を持っています。コンビニで雑誌が扱われなくなることは、日本の**雑誌ジャーナリズムの危機**でもありますね。

――日販さんはローソン・ファミリーマートとの取引が大きな赤字です

**堀内**　もっと現状を率直に話してもらって、販売を継続するための協力の依頼から始めてほしかったです。出版配送は雑誌だけでなく書籍も混載されています。それなのに雑誌運賃協力金にその負担の比重が偏り過ぎていないでしょうか。

――なるほど。

**堀内**　書籍も含めたトータルで考えた正味（出版社から取次への卸し出荷パーセント：1000円のモノを700円で卸すことを正味70％と言います）も見直しの時期にきています。専門書の出版社の中には驚くほど高い正味の出版社もあります。これらを含むすべての見直しは、雑誌や書籍のビジネスが継続してゆくことが、できるために避けられないものですが、それには書店側にも取次にもこれまでにない取り組みが求められるのは言うまでもありません。

――出版界で横断的な話し合いの場が不足しているという指摘もあります。

**堀内**　出版界のトップが一堂に集まって議論することは確かに少ないですが、テーマに合わせて実務担当者が個別に話し合っています。全体の方向感はトップが決め、あとは現場に任せています。

——そうでしたか。書店へのエールもお願いします。

**堀内**　出版物を売ってくださる書店をできる限り応援したい。今までにない改革を進めながら、単純な報奨金制度に限らず書店の手元に利益が残ることを考えたい。そのためにもＰｕｂｔｅＸ（集英社・講談社・小学館が丸紅と組んだ始めた出版界ＤＸの取り組み事業）や万引き防止も含めたあらゆる取り組みを多角的に支援していきたい。

——出版界の人材教育の欠如についてはどうでしょうか。

**堀内**　集英社は私が人事担当役員になって以降に入社年次別研修やテーマ別研修に加えて、関連会社への研修など様々な社員研修プログラムを継続的に用意し人材育成に注力していた。さらに今後の海外展開も見据えて若手社員には海外でビジネスを展開する能力を身に付けさせるための人事制度もあります。

——それは、凄いですね。こんな社内制度に集英社さんの収益力の高さの秘訣の一端を見る気がします。

## 小島の解説

私は集英社の力強さを感じると共に、堀内さんが持つ書店支援の気持ちは本物だと確信して取材を終えました。取材後に堀内さんとは著者も巻き込んだ書店支援ビジネスの話にまでなりました。

「著者もこぞって、書店を支援したいと思っていますよ」と堀内さんは話してくれました。

そこで私は日頃から温めているビジネススキームについて話をしてみました。それは、書店が主催する有名著者の講演会を本代込みの料金設定で開催して集客し、経費を除く収益を書店が受け取る仕組みです。この話に堀内さんは、賛同してくれて、さらにアイデアをくれました。「それ面白いね。他にも会場では少数相手で高額設定して付加価値を出し、それをオンラインでは格安にして幅広く参加者を募り収益化するのも良いと思う」

二人でこうした話をしながら、書店を支援する二人の話は盛り上がってゆきました。この会話からも着想を得たビジネスプランの詳細は、第２部まとめ（１１３〜１１８ページ）で説明しています。

「聡くん。堀内さんの話をどう聞いた？」

「まあ、これだけの立場の人が元トーハンの支社長だったに過ぎない叔父さんの話をよくぞ、聞いてくれたものだね」

「一番の理由は堀内さんが持つ出版界への危機感が叔父さんに話をしてみようという気にさせたんじゃないのかな。集英社の2023年5月決算は増収減益ながら売上2097億円で当期純利益は159億円の超高収益企業なんだ。集英社をはじめとする大手出版社の経営者は、自社の事業領域以外へも視野を広げて出版界全体の課題を考えようとするノーブレスオブリージュの気概を持っているのだと叔父さんは思う」

「そこに書店が生き残る可能性が残されているのかもしれないね」

「叔父さんも『書店は出版事業の一番大切なパートナー』という堀内さんの言葉に嘘偽りはないと思う」

# 最終話
# 街に書店が必要な訳……セレンディピティ

「聡くん、この長かったお話もこの話でお終いです。最後に二人で考えたいことがあります」

「なんだい、大げさな話なの？」

「本はＡｍａｚｏｎや楽天などのネット書店でも気軽に買えるのに、なぜ街に書店が必要なのだろう？　これまでも八百屋さん、魚屋さん、カメラ屋さんが消えていったけれど私たちは日常生活に少しも困っていない。それなのに、なぜ書店だけは求め続けられるのだろう？」

「確かに僕たちは、本をＡｍａｚｏｎでも楽天でも自由に買うことができるし、注文すれば翌日には手元に届くし、ネット書店は僕への推奨図書まで知らせてくれるものね」

「そうなんだよ。それなのに一定数以上の人には、なぜ書店が欠かせないのか？　聡くんが思いつく限りを教えてくれる」

「書店は、本の現物を見て手に取ることができるから、気になる本に出合えてその場で買える。題名だけ気になったハズレ本を買わなくて済む。書店では様々なジャンルを一度に見ることができる。書店の知的空間の雰囲気が好き」

「他には？」

「うーーん。意外な本との出合いがある」

「なるほどね。それってセレンディピティだと思うんだ」

「セレンディピティ？」

「人が本来的に持つ『偶然の幸運を手に入れる力』のことだよ」

「人が書店に行って本を買うのは、事前に決めていた目的の本を探して買う場合と『何か良い本ないかな？』と思って何気なく立ち寄る場合とがある」

「確かに、何となく立ち寄った書店で気になる本を見つけて買う場合があるよね」

「書店を歩き回れば、ジャンルを超えて一度に大量の本の現物を見て未知の本に出合うことができる。その時に発揮されるのが、セレンディピティなんだよ」

「シンクロニシティと同じ意味？」

「いや、違う。シンクロニシティは別々の事象がたまたまシンクロして、意味のある偶然の一致が起こる現象のことだけど、セレンディピティは人が主体的に持つ幸運を引き寄せる能力のこと」

「もっと、詳しく聞かせて」

「人には日常生活を支えている『表面意識』と無意識行動を司る『潜在意識』がある」

「へー、そうなの」

「人はだれも、この潜在意識から逃れることはできない。この潜在意識の柔軟さや吸収力の高さが、その人の人生を豊かにするのは間違いない。だから潜在意識を一番刺激してくれる書店空間に身を置いて、見知らぬ本に出合い買えることに幸せな気分を味わえる人が一定数いるんだ。その人たちにとって書店がなくなる事は一大事になる」

「でも、そんな人は減り続けている」

「その通り。だから、これからの日本社会で書店が生き残ってゆくには、この本で何度も指摘したビジネスとして成り立つ出版界の再構築が必須ではあるけれど、同時に新たな書店の価値を構築できなければ、いずれは時代の変化に取り残されてしまうだろうな」

「本屋の将来を叔父さんはどう思う?」

「売り上げが伸び始めているドイツ、そしてリアルショップとしての書店が復権しつつあるアメリカなどを見ていると、日本の書店にもその可能性は十分にあると思うよ。それまで日本の書店が街から消えないことを祈るばかりだよ」

「叔父さん!　祈ったって現実は変わらないよ。叔父さんも行動しなよ」

「参ったな」

「ところで、聡くんは書店に就職する気になったのかい?」

「それは、今日聞いた皆さんの話が実行に移されるか否かにかかっているさ」

特別寄稿——有隣堂／松信健太郎

# 「本は大切です。だから守ってください」は通用しない

## 本は心の旅路

VUCA（ブーカ）という言葉が若干古臭く聞こえるほど、これまでの成功体験が通じない不確実な時代である。

このような時代に、一人ひとりが個人として尊厳を持って生き、尊重され、自己成長し、自己実現して幸せに生きていくためには、「自分の頭で考える」「自分のことは自分で決める」ことが不可欠だ。

自分の頭で考え、自分のことは自分で決めるためには、自分をより高めていく力が必要

である。自分を高める力とは、経験、体験、知識、教養、擬似体験、こんな要素が構成要素になろう。

経験・体験はともかく、知識、教養、擬似体験について、本は圧倒的な力を発揮する。これほどまでに安価で簡便なツールがほかにあるだろうか。まさに、有隣堂のキャッチコピーに言う「本は心の旅路」の通り、本は個人の成長や幸せに直結する商品なのだ。

また、グローバル化の時代と言っても、全ての若者が海外に出ていけるわけではない。日本が国力を上げ、もう一度輝きを取り戻すことが必要だ。

石油や天然ガスが出るわけでもないこの国が、もう一度輝きと自信を取り戻し、全ての人にとって夢と希望が溢れる国にするには、国民一人ひとりの情報収集能力を含む知識レベル・知的レベルを上げなければならない。

本はそのための最適・最強のツールだ。すなわち、個々の国民が読書を通して知識を増やすことがこれからの日本には不可欠であって、本は国力回復にとっても重要な商品なのである。

本の大切さ、有用さはこれ以上多弁を要しないだろう。出版業界に籍を置いていようがいまいが、この点に特に異論はないように思う。

こんなにも有意義、有用な「本」を売る場所である書店が、この国から姿を消そうとしているという。本書のタイトルによると、それは2028年だそうだ。「これは由々しき事態である、さて、どうする、どうする?」と慌てふためいているというのが今の書店が置かれている状況なのは確かだ。

## 「文化だから大切」では甘い

しかし、先に述べた本の有用性と、書店が生き残ることは残念ながら別の話だと考える。いかに本が個人の幸せや国力回復に有用だとしても、その態様や形態、あるいは流通は時代により変化するのだ。本が有用だとしても、その有用性は「本だけ」が提供し得るものではない。特にデジタル化社会において、その傾向は顕著だ。技術革新はそれらの役割において「本」以上の有用性を発揮することを意味する。

「書店」は、しょせん小売業であり、文化産業ではない。文化的な商品を扱う小売業に過ぎない。小売業を含む全ての企業は、社会の変化や消費者の変化を分析し、予測し、わがままとも思える顧客の要求に徹底的に応え、その期待を上回るサービスを提供して初めて生き残ることができる。

「紙の本は大切です。だから私たちを守ってください」は通用しない。

「私たちの扱っている商品は『文化』そのものです。だから私たちを助けてください」

それは甘いんじゃないか。それでは、多くの消費者の賛同を得られないだろう。肉や魚から得られる栄養は、人の成長に不可欠だ。でも街からは肉屋・魚屋は消えてしまった。呉服屋、布団屋、豆腐屋、お米屋も人が生きていくのに必要なものの商いをしていたけれど、スーパーに吸収され街から消えてしまった。

肉屋、魚屋、呉服屋、布団屋、豆腐屋、お米屋は、それでも形を変えて残っているから本屋とは違うかもしれない。でも畳屋はどうだろう。日本家屋の減少とともに、ほとんど街で見かけなくなった。「畳は日本の文化です。社会の変化（洋風化）で商いが難しくなってきました。だから守ってください」と言われても、私たちはどこまで真剣に考えただろうか？「洋風建築が主流だし、今はフローリングだよね、仕方ないよね……」という程度にしか考えてこなかったのではないか。

本も同じだ。私たちは本を売ることを生業としているから、本の大切さを訴えているけれど、そうでない人たちからすると畳屋の事例と同じである。「本は大事だよね、それはわかるよ。でも、ネットの時代だしね。スマホで読めるし、仕方ないよね、読みたい人だけ紙で読めばいいんじゃない？」というのがむしろ普通の感覚だろう。

自らが取り扱う商品に対し、愛情と愛着を持つことは大切だが、客観的な評価を捻じ曲げてはいけない。「大切な文化的商品。なくしてはいけない」と私たちが思っても、世の中の人はそれほどまでの意識はない可能性が高い。

出版業界に身を置く我々が、畳や畳屋の心配をそんなにしなかったことと同じだ。１９９６年のピークから販売高半減というマーケットシュリンク。これが「本」という我々の大切にしている商品への世の中の評価なのだ。ほかに代替できるものができたから、あるいはいらなくなったから「買わない」という単純なものだ。「文化」は特別なものではあるかもしれないけれど、特権ではないし、まして、「文化的な価値のある商品」なんて本以外にもたくさんあるのだ。

## イノベーションこそが重要

どんな業態も、何の変化もせず、改革もせず永続的に存続するなんてことはあり得ない。このことは歴史が証明している。老舗と呼ばれる企業ほど、革新、改革を連続させてきた。イノベーションを起こしてきた。

私たちも自分たちのビジネスを永続的なものにしたいと考えるならば、イノベーションを起こすしかない。勝てるまで起こし続けるしかない。

確かに出版業界は制度疲労を起こしていて、（書店ビューからすれば）改善されるべき点も多々あろう。仕入れ価格も安いに越したことはない。それはそれで内うちで話し合っていけば良い（改善はあまり期待できないけれど）。

そんなことよりも、外を見て、自身の強みと顧客の要望をきちんと分析して、自分たちのビジネスを社会や消費者から評価される業態に変えていくイノベーションを起こすことにこそ、エネルギーを使うべきだ。

例えば書店のマージンが30％以上になって、書店の淘汰が一時的に減速したとしても、書店に対する消費者からの評価が変わるわけではない。時代にそぐわなくなった必要とされない「金太郎飴書店」という業態が続くだけであれば、早晩、今と同じ状況になるのは明白だ（マージンを30％以上にしなくていい、と言っているわけではありません。是非お願いします）。

危機に苦しむ書店が「現状維持」のために内向きの努力をするのではなく、それぞれ新しいイノベーションを起こし、多様な「シン・書店」を誕生させるほうが世のため人のためになり、明るい未来ではないか。

有隣堂はアスクルエージェント（アスクルの正規取扱販売店）であるが、アスクルは当初、文具事務用品の通販事業だった。しかし、文具事務用品を再定義し、今では生活便利快適用品へと取り扱い商品を拡大して成長を続けている。このイノベーションがなければ、時代の変化を先取りした後発事業者に追い越されていたかもしれない。

イノベーションとは少し違うが、有隣堂としてもアスクルエージェントになることは、それに匹敵するくらいの挑戦だった。当時、店頭では定価で文具を販売していたにもかかわらず、ECサイトで、しかも値引きをして売る、というアスクルのビジネスモデルには批判的な社員が多く、エージェントになることについては社内で厳しい意見があった。

しかし、もしその時にアスクルエージェントになることを選択していなければ、今の有隣堂はない。残念ながら利益が創出できなくなった書店事業のマイナスをカバーし、今現在の有隣堂を支えているのはアスクルエージェント事業だからだ。

ともあれ、書店は誰かに頼ることなく、自らの力でイノベーションを起こしていくべきだ。多くがそうであったように、イノベーションの端緒は「危機」だ。業界の危機、企業の危機、個人の危機。ここからイノベーションは生まれる。私たち書店が危機に瀕している今こそ最大のチャンスだ。

## YouTubeチャンネルによるファン獲得

イノベーションを起こし、「次に稼ぐもの」を見つけるための挑戦には、優秀な若い人材が必要だ。既成概念や業界慣習にとらわれず、新たな発想でイノベーションを起こしていく人材。中小企業がほとんどの書店は、この人材確保がすごく難しい。

採用、求人こそ企業成長の源泉なのだから、経営者自らが様々なアンテナを張り、自分の思いを語り、賛同してくれる優秀な人を探すことが不可欠だろう。

そして、若い人たちを成長させるための教育や研修制度の充実も必要だ。これも中小企業は自社だけで完結することは難しい。一番のリスクは、疲弊している現場でイノベーティブではない「先輩」が優秀な若手を潰してしまうことだ。これだけは気をつけなければならない。

イノベーションを起こすための原動力としてもう一つ必要なのは、「ファン」ではないかと思っている。当社には「有隣堂しか知らない世界」というYouTubeチャンネルがある。「有隣堂しか知らない様々な世界を、スタッフが愛を込めてお伝えする」というコンセプトのチャンネルだ。現在の登録者数は、28万人を超える。

企業チャンネルとしては驚異的な登録者数と自負している。これによって私たちは多くの「有隣堂ファン」を獲得した。「ゆーりんちー」と呼ばれるこの番組のファンが、番組だけではなく私たちの新しい挑戦も応援してくれるのだ。

2023年10月、有隣堂は初めて関東圏以外に出店をした。わずか90坪の「神戸阪急店」オープンの日には、特に限定商品があるわけでもないのに多くのゆーりんちーが神戸に集結してくださり、レジは最大3時間待ちとなった。

列に並ぶお客様へお詫びに伺うと、「有隣堂の新しい挑戦なんだから応援します！」と言って、ただただひたすらに並んでくださった。私だけではなく、多くのスタッフも涙が止まらなかった。

新しい挑戦をした時、それを支えてくれる「ファン」の方々の存在は極めて大きい。日頃から、地道にお客様に奉仕し、お客様にどうやって楽しんでいただくか、どうやって新しい体験をしていただくかを考え続けること以外、ファン獲得は難しい。多くのお客様に「ファン」になっていただく地道な活動は、実はイノベーションや改革の大きなエンジンになると信じている。

経営者の健全な危機意識と熱意。そして優秀な若い人材とファン顧客。これだけ揃えばあとは行動を起こすだけだ。

イノベーションや新しい挑戦には、もちろんリスクが伴う。「千三つ」ではないけれど、打つ手全てが百発百中で成功する、ということはあり得ない。一定の失敗を前提とする以上、攻めだけでなく、守りの観点も無視はできない。それでも挑戦を躊躇した先に私たちの明るい未来はない。

今後、多くの書店がイノベーションを起こし、今までにない新たな書店が数多く誕生し、健全で前向きな切磋琢磨が行われることを期待しつつ、同時に、自らへ今一度鞭(むち)を入れ直していきたいと思う。

# あとがき

この本は、取材に応じてくださった28人の方々と私との合作でもあります。皆さんとのインタビューの時間はとてもエキサイティングなものでした。それぞれ立場や考え方が異なるとはいえ、現状の出版界への危機感は共有することができました。本当にありがとうございました。

それでは、なぜこの本には著者の私を含めても29人しか登場しないのに、サブタイトルに「30人の識者からのメッセージ」となっているのかと言うと、30人目は読者であるあなたです。街の本屋の命は消え去ろうとしています。この本をお読みになった感想を言葉にされた時に、それは言霊になりメッセージとして「街の書店が消える日」を防ぐ力にもなることでしょう。

この本は、10年前に佐野眞一氏がプレジデント社から出した『だれが「本」を殺すのか』のトリビュートでもあります。この本の中で佐野さんは「出版改革待ったなし」と言っていました。出版流通を担う両取次は次々に改革に着手し始めています。そこで残念で仕方ないのはトーハン、日販の両取次からは取材を拒否されたことです。両取次からの発言が頂けず画竜点睛（がりょうてんせい）を欠くことになりました。これは言うまでもなく日頃の私の言動の身から出た錆（さび）としか言いようがありません。申し訳ございません。このほかにも取材拒否はありましたし、取材を受けてくださり、下原稿をお見せした時点で掲載拒否された方々も幾人もおられます。それだけセンシティブな問題を扱っているのだと再認識した訳ですが、執筆途中で私は心が折れて何度も出版を断念しかけたことがあったことも付記しておきます。

　この本は、プレジデント社の編集者兼営業部長の桂木栄一さんと私の二人三脚の合作です。この本が誕生する経緯があります。元々私は「決算書入門」の本を書きたくて、知り合いの出版社に企画書を送っていました。「誰でも分かる決算書」や「数字が分からない社長が会社を潰す」など様々なアイデアを出して提案しましたが、5社もの出版社に断られ続けました。そんな時、桂木さんが担当した犬飼奈穂さんの本の出版記念パーティーが松山であり、久しぶりに会った桂木さんに話をしたところ「本屋に振り切ったものしてはどうか」の提案を頂き、この本を書き始めることになりました。取材後の原稿にも何度も適切なアドバイスをくださり、そのおかげで読みやすい文章になりました。改めて御礼申し上げます。

　この本の校正は聚珍社の小川喜司さんにお願いしました。校正者の方から指摘を受ける際に感じる、知識の深さや文脈を正確に読み取るお仕事振りに私は驚かされます。注意力散漫な私は、敬意を表するばかりです。出版界において校正者の方々は、もっと高く評価されるべき存在だと思っています。ありがとうございました。

　この本は装丁者の秦浩司さんにブックデザインをお願いしました。見やすい全体構成や素晴らしい表紙をありがとうございました。

　この本は、出版界の方々はもちろん、本屋の現状を心配される一般読者のことも意識しながら書きました。そこで架空の甥っ子である聡を登場させ一般読者が通常は知ることのない出版界の内情もお伝えするようにしました。お楽しみいただけましたでしょうか？

この本は、ベストセラー本を参考にした構成にしてあります。対談形式は『嫌われる勇気』や『君たちはどう生きるか』へのオマージュですし、存在は知っていても中身を知らない人に内情を伝える手法は『塀の中の懲りない面々』の着想を参考にしています。書名もベストセラー『さおだけ屋はなぜ潰れないのか？』の顰みに倣って『なぜ、町の本屋は消えてゆくのか？』にしていましたが、三洋堂加藤社長をはじめ書名を相談した方々からの「インパクトのある題名にしろ」のご託宣を受けて、編集者桂木さんと相談の上でこの書名にしました。

この本で私が取材者に適切な質問ができたのは、質問家マツダミヒロさんに学んだおかげですし、取材者に対して心からの興味を持ち話が聞けたのは日本のトップコーチの一人である宮越大樹さんに接する機会を持て学ぶことができたからです。お二人とのご縁には感謝するばかりです。

この本は、ブックライターやＡＩの助けは借りずに原稿を書きあげました。

この本は、私にとってのコネクティングドッツでした。これまでの私の出版界で点として存在した経験すべてが繋がり形になったものです。お世話になった出版界への恩返しに少しはなったでしょうか？

この本で紹介したこと以外でも、あちこちで本屋を日本に残そうとする試みは始まっています。ただ、その歩みの遅さが本屋の消滅に間に合うかは分かりません。この危機感が出版界の内外で広がり共有され、この本が一般読者の皆さん、出版界の皆さんの何らかの参考となって出版界改革の動きが早まる契機になることを願うばかりです。

この本は、何度も執筆を断念しかけた私を妻の清子が励ましてくれて、出来上がった原稿の最初の一般読者として、分かりにくい表現などを指摘してくれたおかげで最後まで書き上げるがことができました。ありがとう。この本が社会の役に立つことを祈ってくれた義父高橋正基、そして亡き父小島隆、亡き母栄に改めて感謝の気持ちを捧げます。

この本は、非力な私に「本の神様」が書かせてくれた、誰にも愛され、誰からも嫌われる、誰への忖度（そんたく）もしていない本になりました。

この本が読んで終わりになる本ではなくて、読んだ皆さんの何かが始まる本でありますように！

この本のタイトルが的外れになって私が笑い者になる日が来ますように。

ロシナンテ　小島俊一

If you build it,he will come.

２０２４年春　松山道後にて

※この本の印税の一部は「こども元気食堂」に来てくれる子どもたちにお渡ししている国語辞典や英和辞典の購入費に充当します。

# 参考図書＆参考文献


『文章の鬼100則』川上徹也（明日香出版社）
『会社を潰すな！』小島俊一（PHP文庫）
『崖っぷち社員たちの逆襲』小島俊一（WAVE出版）
『だれが「本」を殺すのか』佐野眞一（プレジデント社）
『「若者の読書離れ」というウソ』飯田一史（平凡社）
『嫌われる勇気』岸見一郎・古賀史健（ダイヤモンド社）
『君たちはどう生きるか』吉野源三郎（岩波文庫）
『塀の中の懲りない面々』安部譲二（文藝春秋）
『さおだけ屋はなぜ潰れないのか？』山田真哉（光文社新書）
『マネジメント』P・F・ドラッカー（ダイヤモンド社）
『ローカルブックストアである福岡ブックスキューブリック』
大井実（晶文社）
『本屋で待つ』佐藤友則／島田潤一郎（夏葉社）
『店は客のためにあり店員とともに栄え店主とともに滅びる』
笹井清範（プレジデント社）
『組織の不条理』菊澤研宗（中公文庫）

『両利きの経営』C・A・オライリー／M・L・タッシュマン
入山章栄監訳／渡部典子訳（東洋経済新報社）
『USJを変えたたった一つの考え方』森岡毅（KADOKAWA）
『顧客起点の経営』西口一希（日経BP）
『書棚と平台』柴野京子（弘文堂）
『質問は人生を変える』マツダミヒロ（きずな出版）
『コーチング脳の作り方』宮越大樹（ぱる出版）
『塞翁の楯』今村翔吾（集英社）
『湖上の空』今村翔吾（小学館）
「新文化　2023年11月16日号・12月14日号」（新文化通信社）
「東洋経済オンライン　2023年12月15日配信・12月19日配信」
（東洋経済新報社）
「商大ビジネスレビュー」2022　AUT　江渕泰子（兵庫県立大学）
『2022年版　中小企業白書』（中小企業庁）
『フィールド・オブ・ドリームス』監督・脚本　フィル・アルデン・ロビンソン
製作　ユニバーサル・ピクチャー
「中小企業の経営力及び組織に関する調査」（2017年12月）（帝国データバンク）
『出版指標年報2023』（出版科学研究所）

## 小島俊一

こじま・しゅんいち

出版取次の株式会社トーハンの営業部長、情報システム部長、執行役員九州支社長などを経て、経営不振に陥っていた愛媛県松山市の明屋(はるや)書店に出向し代表取締役就任。それまで5期連続で赤字だった同書店を独自の手法で従業員のモチベーションを大幅に向上させ、正社員を一人もリストラせずに2年半後には業績をV字回復させる。

それが評価されて「週刊ダイヤモンド」誌「地方『元気』企業ランキング」で同書店を全国中小企業300万社の中で日本一に導く。

その後独立し、コンサルタントとして様々な業種の経営相談に乗り、講演会では自らの企業再生で実践した「成功のレシピ」を精力的に伝え、全国各地で「元気と勇気」を届ける活動に取り組んでいる。

著作に『崖っぷち社員たちの逆襲』(WAVE出版)、『会社を潰すな!』(PHP文庫)がある。

・中小企業診断士、産業カウンセラー

・元気ファクトリー株式会社代表取締役、
　政経懇話会講師

著者ホームページ

# 2028年　街から書店が消える日

2024年5月25日　第一刷発行
2024年6月18日　第二刷発行

著者　小島俊一

発行者　鈴木勝彦

発行所　株式会社プレジデント社
〒102-8641東京都千代田区平河町2-16-1
平河町森タワー13階
https://www.president.co.jp/　https://presidentstore.jp/
電話　編集 (03) 3237-3732
　　　販売 (03) 3237-3731

編集　桂木栄一

販売　高橋 徹　川井田美景　森田 巌　末吉秀樹　庄司俊昭
大井重儀

ブックデザイン　秦 浩司

制作　関 結香

印刷・製本　萩原印刷株式会社


ISBN978-4-8334-2534-6
Printed in Japan